Bauten und Projekte
Buildings and Projects

mit einem Text von
with a text by
Ulrich Maximilian Schumann

Busse & Geitner

Verlag H.M. Nelte

Inhaltsverzeichnis
Contents

Stoische Architektur
Stoical Architecture

Ulrich Maximilian Schumann

Es gibt eine Architektur – und ein Interesse an ihr – von neuer Art. Sicher: Schon länger spricht man, schreibt man, zeigt man, polemisiert man wieder. Neu ist aber, daß sich zwischen den öffentlichen Positionen, und unbeeindruckt vom anhaltenden ideologischen Gerangel, der Horizont einer „alten" Selbstverständlichkeit und Gelassenheit öffnet.
Und will man diese neugewonnene Vertrautheit nicht, was einem Paradox gleichkäme, als Blätterrauschen abtun, dann scheint es sogar, als wolle die Architektur wieder den Rang einer öffentlichen Kunst beanspruchen. Als könne sie sich genauso von der Spezialisierung zur technischen Disziplin in sozialem Auftrag losmachen wie von der Popularisierung zum Volksvergnügen.

There is a new kind of architecture – and there is an interest in it. There has certainly again been a lot of talking, writing, demonstrating and carrying on controversies for quite a while now. The new thing about it is, however, that in the midst of public debates and unimpressed by constant ideological squabbles, the horizon of an 'old' self-evidence and composure has opened up.
If one does not want to denigrate this newly won familiarity as just another stir in the news media, it really seems as if architecture, once again, wants to claim being ranked as public art. As if it could free itself from both its specialization as a technical discipline, on commission from society, and from its popularization as a piece of public entertainment.

Werkstatt im Shakerdorf
New Lebanon
Tannery, Shaker, New Lebanon

Zuerst: Die Verantwortung des Kritikers
First: The Responsibility of the Critic

Was so fraglos eine Chance für die Architektur ist, stellt den Kritiker auf die Probe. Wie soll er auf eine Selbstverständlichkeit reagieren, die ihm so gar nicht selbstverständlich erscheint? Wird es ein Tauwetter auch in der Architekturkritik geben? Zu wenig und schon anachronistisch ist es jedenfalls, immer wieder die blassen Vokabeln der Verwunderung über etwas zu bemühen, was es wohl gar nicht geben dürfte, etwa formale Eigenständigkeit, ja: Einmaligkeit! bei gleichzeitiger Einordnung in den Kontext. Oder die Synthese von Innovation und Konvention, von Tradition und Moderne, von Vergangenheit und Zukunft und diesem und jenem mehr. Dabei bietet sich aus jedem neuen Blickwinkel die Chance, unverbrauchte sprachliche Bilder für die Veränderung wie für das Vertraute zu gewinnen und damit Architektur so sichtbar zu machen, wie es die Fotographie mit ihren Mitteln tut.
Nun ist die Sprache ebensowenig Dienerin der Architektur wie umgekehrt. Was liegt also näher, als sich zuerst dorthin zu wenden, wo die sprachlichen Bilder erzeugt und diskutiert werden? Das will heißen: zur Literatur und zur Philosophie. So läßt sich Architektur an die entscheidenden Weichen heranführen und mit Schlüsselszenen konfrontieren, in denen sich scheinbare Gewißheiten, die sich über Jahrzehnte verfestigt haben, neu überdenken und vielleicht korrigieren lassen. Das Ziel ist doch, das Bild einer Architektur zu vervollständigen, wie sie sein könnte.

What is, seen in this way, unarguably an opportunity for architecture, puts the critic to the test. How is he to react to this kind of self-evident truth, that to him does not appear self-evident at all? Will there be a thaw, also in the realm of architectural critique? In any case, it is too little and already anachronistic to constantly quote inexpressive words of amazement about something that should not even exist, such as formal originality, even uniqueness (!), in conjunction with an adaptation to context. Or take the synthesis of innovation and convention, of tradition and modernity, past and future, this or that. Each new visual angle offers the chance to gain fresh metaphors for both the phenomenon of change and familiar things, and thus the opportunity to visualize architecture, as photography does with its own means.
Language is no servant of architecture, nor is it the other way round. What else could be more appropriate, then, than to first of all turn to where linguistic images are generated and discussed, i.e. to literature and philosophy? Architecture can thus be led towards the decisive turning points and can be confronted with key scenarios in which apparent certitudes – rigidified over decades – may be re-assessed and, perhaps, corrected.
After all, the aim is to complete the image of architecture as it could be.

Architektur ist keine gebaute Philosophie
Architecture is no Built Philosophy

Nun haben Architekten gerade in den vergangenen Jahrzehnten – hoffentlich sind sie vergangen! – immer wieder Philosophie als Basislager betrachtet, haben einzelne Theorien für sich entdeckt und wieder abgelegt – und darüber architektonische Fragen vergessen. Den Resultaten hat das nicht mehr Gültigkeit verliehen, und so ist man längst gar nicht mehr so sicher, ob Philosophie als Entwurfsmethode taugt.
Verantwortlich sind natürlich nicht die philosophischen Inhalte, sondern ihre Auslese und Weiterverarbeitung. Was auf Architekten immer am anziehendsten gewirkt hat, sind die manifesthaften und klar unterscheidbaren Positionen. Martin Heidegger hat solche philosophischen Attitüden und Gesten musterhaft vorgedacht und vorgelebt. Kein anderer Name steht wie seiner für das Bild vom Philosophen im 20. Jahrhundert, für das Denken als Abenteuer auf dem eigenen Sonderweg. Heideggers Philosophie ist nicht zu trennen von seiner Sprache. Man muß ihn nicht einmal restlos verstehen, um von der Engführung von Gedanke und Wort fasziniert zu sein. Was aber noch mehr inspiriert hat, ist die Radikalität seines Denkens als ein Fahnden nach dem Absoluten, etwa dem absoluten Sein oder der absoluten Zeit.
Leicht übersieht man dabei den wesentlichen Einwand, wie denn so zielgesteuerte Suchbewegungen für etwas fruchtbar gemacht werden können, was erklärtermaßen außerhalb ihres Zielkreises liegt, eben beispielsweise die Architektur. Entsprechendes gilt für die Philosophen, die Heideggers Impuls zur, nennen wir es: Radikalphilosophie aufgenommen haben. Es lockt natürlich auch die Aura des Anrüchigen, ja des Verbotenen, die seinem Namen noch aus der Liaison mit dem Nationalsozialismus anhaftet.

**Over the past years – hopefully really past – architects have constantly treated philosophy as a base camp, discovering individual theories and then discarding them again.
In the process, they have forgotten questions of building. Their products have not become more valid for all that, so we are not so sure any more whether philosophy is an appropriate design approach.
It is not the philosophical content that is responsible for this, but its selection and processing. Architects have always found manifesto-like, clearly differentiated positions most attractive. Martin Heidegger pioneered and lived such philosophical attitudes in exemplary fashion. None other but Heidegger stands as the paragon of the 20th century philosopher for whom thinking is an adventure on his own individual path. Heidegger's philosophy cannot be separated from his language. You do not have to understand him completely to be fascinated by the close-knit relation of thought and word. Even more inspiring has been the radicality of his thinking as a quest for the absolute, like absolute being or absolute time.
It is easy to overlook the essential question of how to make such a directional search fruitful for something which is declared to be outside its target area – for example for architecture. The same goes for philosophers who have taken up Heidegger's incitement to – let's call it: radical philosophy. Of course, Heidegger's aura of the disreputable, even the forbidden (hailing from his association with Nazi ideology) has its attractions.**

Jacques Henri Lartigue:
Grand Prix de L'ACF 1912

Der Scheinangriff der Zeit auf die Architektur
Time's Feigned Attack on Architecture

Das Lieblingskind aus dieser Mésalliance von Philosophie und Architektur verdient hier eine Sonderbehandlung, gilt doch seine Bevorzugung als besonderer Ausweis der Modernität: die Zeit. Es war Martin Heidegger, der mit seinem frühen Hauptwerk „Sein und Zeit" das Startzeichen für die philosophische Beschäftigung mit der Zeit als einer existenziellen Notwendigkeit gegeben hatte – von der „Lebensphilosophie" hin zur regelrechten „Zeitphilosophie".
Indem er den „horizontalen Charakter" der Zeit ausformuliert, verleiht Heidegger scheinbar einem gängigen literarischen Bild philosophische Weihen: Tempus fugit. Nur führt die Zeit nicht an uns vorbei, sondern ist in allem, was wir tun, schon enthalten. Es bleibt keine Wahl: Die Zeit bestimmt in ihrem Gerichtetsein das Dasein.
In Heideggers Worten: „Die ekstatische Zeitlichkeit lichtet das Da ursprünglich."
Eine Koppelung des Lebens an die eine Zeit muß aber insofern philosophisches Wunschdenken bleiben, als sie nur unter den einheitlichen Prämissen eines auf das Absolute gerichteten Denkens gilt. In der Wahrnehmung bewegt sich Zeit zunächst einmal gar nicht. Sie geht natürlich nicht in einem wörtlichen Sinn vorbei.
Das Zwingende ist (auch für Heidegger) ja gerade, daß sie nur immerzu ist. In der Wahrnehmung liegt auch das Dilemma der Umsetzung. Alle Versuche, die naheliegende Gleichung „Raum x Zeit = Bewegung" einzulösen und die „vierte Dimension" in der Architektur sichtbar zu machen, bleiben auf einer naiven Stufe der Darstellung stehen. Die Kraft des einprägsamen Bildes wird aufgegeben, ohne die der Geschwindigkeit zu erreichen.
Wären da nicht ihre ästhetischen Qualitäten, müßte sich die gewogene Erinnerung an „Raum-Zeit-Collage" und „Raum-Zeit-Modulator" in den nostalgischen Nachgeschmack einer antiquarischen Kuriosität auflösen. Experimente dieser Art bringen Architektur jedenfalls nicht in Bewegung. Nicht einmal die Physiologie, welche die Ebene der Anschaulichkeit hin zum Unbewußten weit zu unterschreiten vermag, hält da noch die Treue:

The favourite child from this mésalliance of philosophy and architecture merits a special treatment at this point, since it is seen as the particular characteristic of modernity: i.e. time. It was Martin Heidegger who, in his early masterpiece, 'Sein und Zeit', gave the starting signal for philosophy's investigation of time as an existential necessity – from 'life-philosophy' to 'time-philosophy'.
In formulating the 'horizontal character' of time, Heidegger apparently lent philosophical consecration to a common literary notion: tempus fugit, with the difference that time does not pass, but is already contained in everything we do. We have no choice: time in its directionality determines our existence.
In Heidegger's own words: Die ekstatische Zeitlichkeit lichtet das Da ursprünglich. – 'Ecstatic temporality primevally lightens the Here-Now.'
Coupling life with only one time has to remain a philosophical wishful thinking insofar as it is only valid under the unified premise of thought being oriented towards the absolute. In its perception, time initially does not move at all. It does not, of course, pass in the literal sense of the word.
Time's cogency lies (also for Heidegger) in that it is, eternally. The dilemma of implementation also lies in how time is perceived. All attempts at applying the obvious equation, 'space multiplied by time equals movement', and to visualize the 'fourth dimension' of architecture, stay on the naive level of representation.
We renounce the power of an impressible image, without reaching the power of speed.
But for its aesthetic qualities, the weighed memory of a 'space-time-collage' and 'space-time-modulator' would have to dissolve in the nostalgic after-taste of an antique dealer's curiosity. Experiments of this kind do not set architecture in motion. Not even physiology keeps faith, although it is capable of going way below the level of plasticity to the subconscious.

Zeit – soviel ist heute sicher – kann gar nicht als Kontinuum erfaßt werden, sondern immer nur als Folge von Augenblicken. Oder andersherum: Zeit ist nur die Unschärfe zwischen den Momentaufnahmen; nichts als ein Konstrukt.
Man denkt unwillkürlich an das Paradoxon des Zenon, der mit den Mitteln der Logik den Flug des Pfeiles in fest bestimmbare Positionen zerlegte, bis der Pfeil in der Luft (des Gedankens) zum Stillstand kam.
Alles nicht Heideggers Problem. Ihm geht es weniger um erlebbare Zeit als um die abstrakte Zeitlichkeit, weniger um den Raum als um die Räumlichkeit, auch wenn er darstellt, wie Zeit in der Zeitlichkeit und Raum in der Räumlichkeit enthalten sind. Es geht ihm – von vorneherein und eingestanden – nicht um die Gestaltung des Daseins in Raum und Zeit, also nicht um Fragen der Kultur, sondern darum, wie das Dasein in seiner Endlichkeit als Gegenstand der Philosophie einzugrenzen ist.

One thing is certain today: time cannot be grasped as a continuum, only as a sequence of individual moments. In other words: time is only the lack of definition between candid shots, and nothing but a fiction.
Zenon's paradox immediately comes to mind, which used logic to divide the flight of an arrow into firmly definable positions until the arrow came to a halt in the air (of thought).
All that was not Heidegger's problem.
He was less interested in time that can be experienced than in abstract temporality, less in space than in spatiality, even if he described how time is contained in temporality, and space in spatiality. Right from the start, and explicitly, Heidegger was not concerned with the shaping of our existence in space and time, and therefore not with the cultural agenda, but with the question of how to define the finite quality of existence as the object of philosophy.

Rundstall im Shakerdorf New Lebanon
Round barn in snow, Shaker, New Lebanon

Davos 1929
Davos 1929

Nun wären die zwanziger Jahre, in denen „Sein und Zeit" erschien, nicht die zwanziger Jahre, wie wir sie glauben zu kennen – mit ihren unentwegten Standortbestimmungen, wenn die sprichwörtliche kulturelle Vielfalt keinen philosophischen Niederschlag gefunden hätte. Und es ist ebenso klar, daß eine erklärte Kulturphilosophie mit der radikalphilosophischen Attitüde in Konflikt geraten mußte.
Leibhaftig sah sich Heidegger einer überzeugenden Gegenposition gegenüber, als ihn die Davoser Hochschulkurse 1929 zu einer Diskussion mit Ernst Cassirer einluden. Cassirer hatte sich mit seiner „Philosophie der symbolischen Formen" als der gewichtigste Vertreter einer Kulturphilosophie empfohlen, welche die Lehren aus den vergleichenden Kulturwissenschaften zog und den Erfahrungen kultureller Verschiedenartigkeit Rechnung trug. Gegen die Aggressivität der existenzialistischen Lebensphilosophie verteidigte Cassirer in Davos eine zivilisierte, humane Kultur, die es verstand, sich selbst über ihre Formen mitzuteilen.
Es ist viel über diesen Ringkampf zweier philosophischer Schwergewichte geschrieben worden. Ein Sieger läßt sich zwar nicht präsentieren, aber die Begegnung hat doch im Werk der beiden Protagonisten (und der zuhörenden Kollegen) so etwas wie eine chemische Reaktion ausgelöst, die nachwirkte. Vier Jahre später schon mußte Cassirer allerdings in die USA emigrieren, während Heidegger gerne in Deutschland blieb. Nicht nur in USA wird Cassirer wieder gelesen; jüngst hat Jürgen Habermas die alte Debatte aufgegriffen und neue Blickwinkel eröffnet, unter denen Cassirers Ansatz seine Gültigkeit neu entfalten kann. Es hat lange genug gedauert, aber nun sind die Voraussetzungen wieder gegeben, in dieser Schlüsselszene neu einzusetzen und die erzwungene Polarisierung aufzubrechen.
Was – nebenbei, aber gerade für die Architektur nicht unwichtig – die Chance eröffnet, den jüdischen Beitrag zur Philosophie (zur Kultur, zur Architektur) aus der Umarmung zu befreien, die ihn immer noch auf die Raum-Zeit-Anschauung eines ewigen Nomadenvolkes reduzieren möchte.

The twenties (time of the publication of 'Sein und Zeit') would not be the twenties as we perceive them – with their constant redefinition of positions – if their legendary cultural variety had not found philosophical reflection. And a declared cultural philosophy clearly also had to run into conflict with radical philosophic attitudes.
Heidegger was physically confronted with a convincing opposite view when the Davoser Hochschulkurse invited him to take part in a panel discussion with Ernst Cassirer in 1929. With his 'philosophy of symbolic form' Cassirer had recommended himself as the most important proponent of a cultural philosophy which had learnt the lessons of comparative cultural sciences and accounted for cultural diversity. In Davos, Cassirer pleaded for a civilized, humane culture, capable of expressing itself via its formal manifestations, and against the aggressiveness of existentialism.
Much has been written about this wrestling match between two philosophical heavyweights. No winner can be presented, yet their encounter did trigger a kind of chemical reaction in the works of both protagonists (and in those of their listening fellows). Four years later Cassirer had to emigrate to the United States, whereas Heidegger gladly stayed in Germany. Cassirer's writings are now being read again, and not only in the States. Jürgen Habermas recently revived the old debate and opened up new angles, unfolding the validity of Cassirer's approach. It really has taken long enough, but we now again have the preconditions for a new beginning in this key scenario, and for the dissolution of a previously forced polarization. This has opened the chance (as a side-effect that is of some importance to architecture) to liberate the Jewish contribution to philosophy (to culture and architecture) from the clutch of those who still want to reduce it to the notion of space and time of an eternally nomadic people.

Symbolische Formung
Symbolical Moulding

Ernst Cassirer nähert sich via Immanuel Kant seinem Gegenstand, der Kultur, und macht den letzten kleinen Schritt vom Verstehen der Welt zu ihrer Gestaltung, wissend, daß das eine vom anderen nicht zu trennen ist. Wie das vor sich geht, das heißt wie die sinnlichen Eindrücke in ihre jeweiligen symbolischen Ausdrucksformen umgewandelt werden, davon handelt die „Philosophie der symbolischen Formen". Jeder von außen herangetragene Reiz, der stark genug ist, eine „geistige Erregung" auszulösen, wird in einer codierten Form festgehalten, bewahrt und ist damit zugänglich und mitteilbar. Das dieserart Konkretisierte kann die Zeit überdauern und überwinden.
Fragt man genauer nach dem „Wie?", tut sich schon eine allererste Weiche auf, eine grundlegende Scheidung in zwei „verschiedene Sprossen ein und desselben Triebes der symbolischen Formung, die aus demselben Grundakt der geistigen Bearbeitung, der Konzentration und Steigerung der einfachen Sinnesanschauung hervorgehen": Mythos und Sprache.
Der Mythos belegt den unbekannten Reiz mit einem Bild, das jede Bedrohung durch das nicht anders Begreifliche bannen soll. Der mythischen Metapher fällt die Aufgabe zu, die existenzielle Erfahrung als bildlichen Ausdruck lebendig zu halten. In der Sprache ist dagegen der Logos von Anfang an gegenwärtig und drängt sie hin zur begrifflichen Klärung, zur „Darstellungsfunktion" und schließlich zur „Bedeutungsfunktion".
Im Begriff wird die Erfahrung unterscheidbar und beurteilbar.
Aus der Spannung zwischen Mythos und Sprache, zwischen „der Produktion einer bildhaften Sinnfülle einerseits und der logischen Erschließung einer kategorial gegliederten Welt andererseits" (Habermas) entsteht etwas Neues, das sich zwischen Leben und Vernunft schiebt. Dieses Neue sind die symbolischen Formen der Kultur.
Nur in ihnen kann die Wirklichkeit überhaupt sichtbar werden.

Ernst Cassirer approached his object, i.e. culture, via Immanuel Kant and took the last small step from understanding the world to designing it, knowing that the one is inseparable from the other. The nature of the process of transformation from sensory impressions to the appropriate symbolic expression is the subject of Cassirer's text on the 'philosophy of symbolic forms'. Each external stimulus strong enough to effectuate 'mental energizing' is registered in coded form, stored and therefore accessible and communicable. Anything that has been concretized in this way can survive and surpass time.
On closer inspection of the 'how?', a first turning point appears, a basic diverging of two twigs from one and the same branch of symbolic moulding, growing out of one and the same basic act of intellectual processing, of concentrating and heightening the simple sensory perception': myth and language.
Myth overlays the unknown impulse with an image, designed to ban every possible threat from that which is otherwise incomprehensible. The mythical metaphor has the task of keeping alive the existential experience in the form of an illustrative expression. In language, however, the logos is present right from the beginning, urging it on to a clarification of concepts, to take on a 'representational function' and, finally, a 'signifying function'.
Experience becomes distinguishable and assessible in the word.
From the tension between myth and language – i. e. between the 'production of a metaphorical wealth of meaning on the one hand, and the logical conjecture of a world ordered in categories on the other' (Habermas), arises something new: the symbolic forms of culture.
And it is only in these forms that reality can become visible.
This is why Cassirer called them the vital organs of reality.

Kutschenrampe im Shakerdorf New Lebanon
Mounting steps, Shaker, New Lebanon

14 Cassirer nennt sie daher auch Organe der Wirklichkeit: „Mögen sie alle im Aufbau der geistigen Wirklichkeit als Organe zusammenwirken – so hat doch jedes dieser Organe seine eigentümliche Funktion und Leistung. Und es entsteht die Aufgabe, diese Leistungen nicht bloß in ihrem einfachen Nebeneinander zu beschreiben, sondern sie in ihrem Ineinander zu verstehen, sie in ihrer relativen Abhängigkeit wie in ihrer relativen Selbständigkeit zu begreifen."

'Though all of them work together like organs in the construction of intellectual reality, each individual vital organ has its special function and achievement.
Out of this grows the task of not only describing these achievements in their simple "side-by-side", but to conceive their "one-inside-the-other" quality, to comprehend both their relative dependency and comparative independence.'

Architektonische Kultur
Architectural Culture

Cassirer teilt die symbolischen Formen grob in Kunst, Wissenschaft, Religion und Philosophie, um ihnen eine eigene Aufgabe, ein eigenes Interesse und eine eigene Logik nachzuweisen. Dabei läßt er es allerdings bewenden, bevor er uns den Platz der Architektur innerhalb des Modells mitgeteilt hat. Es wäre auch von einem Philosophen zuviel verlangt, daß er Architekten Handlungsanweisungen erteilt. Aber wenn Architektur ein Teil der Kultur ist, dann gelten zunächst einmal die fundamentalen Ergebnisse auch hier – und entwickeln im konkreten Zusammenhang eine ungeahnte Dynamik.

Denn dann bildet Architektur nicht das Leben ab und nicht die Vernunft, sondern überbrückt beides durch ein eigenes System symbolischer Formen, das nicht ohne weiteres übersetzbar ist in ein System anderer Zielsetzung. Architektur hat ihre eigenen prägenden Mythen, die in eine kommunizierbare Sprache eingegangen sind.

Die Ausdrucks- und Darstellungsmöglichkeiten der Architektur entfalten sich innerhalb dieses Grundbestandes an symbolischen Formen.

Das Modell enthält eine doppelseitig wirkende Frohe Botschaft. Daß das Leben nicht unvermittelt in die Architektur eindringt, bewahrt sie vor dem Existenzialismus der Avantgarden und ihren optischen Täuschungen wie der des „unschuldigen Auges", das den Architekten zum transparenten Medium einer äußeren Realität macht. Die Distanz zur Vernunft bewahrt vor der nicht minder traurigen Verheißung eines vermeintlich reinen Rationalismus. Hier zahlt sich aus, daß Cassirer den Mythos, was zunächst überraschen mag, als ausdrucksstiftenden Faktor in sein aufklärerisches Programm einbaut.

Das Arbeiten an den symbolischen Formen der Architektur bannt sogar noch die Symptome einer grassierenden Infantilisierung, die sich in Förmchen- und Klötzchenspielen, Grobformen für die fehlende Feinmotorik, gutmütigen Bastelarbeiten, unbeholfenen Linealübungen wie auch in trotzigen Selbstbezügen diagnostizieren lassen. Architektur wird wieder erwachsen.

Cassirer divides symbolic forms roughly into art, science, religion and philosophy, in order to prove their respective functions, own interests and individual logic. However, he stopped short of informing us about the place of architecture within his model. It would be asking too much of a philosopher, after all, to provide architects with instructions on how to act. But if architecture is a part of culture, the latter's fundamental results are also valid for the former and will develop unsuspected momentum in a concrete context. Architecture will then illustrate neither life nor reason, but build a bridge between both, using its own system of symbolic forms, which cannot easily be translated into a system with another objective. Architecture has its own determining myths, that have been incorporated in a communicable language.

Architectural means of expression and representation unfold within this basic fund of symbolic forms. The model contains glad tidings with a two-sided effect. The fact that life does not immediately invade architecture, keeps it from the existentialism of avant-gardes and their optical illusions, and from the 'innocent eye' that turns the architect into the transparent medium of an outer reality. Keeping a distance to reason guards against the no less unhappy promise of an allegedly pure rationalism. This is the point where Cassirer's incorporation of myth (as a provider of expressiveness) into his enlightenment programme pays off.

Working on the symbolic forms of architecture even averts the symptoms of a rampant infantilism, discernible in the play with small mouldings and toy building blocks or roughcasts in the place of the missing fine motoricity, in good-natured DIY measures, awkward exercises in straight lines and sulky self-references. Architecture is about to come of age once again.

Orpheus, Eurydike und Hermes
auf einem Grabrelief
**Orpheus, Euridike and Hermes,
tombstone relief**

Der Augenblick der Architektur
The Moment of Architecture

Der größte Gewinn ist die Gelassenheit angesichts der Empfindung eines rauheren Windes in der Moderne und einer beschleunigten Zeit und überhaupt angesichts eines vermeintlich ganz anderen Lebens, das nach neuen Formen verlangte. Schon wieder die Zeit: In Ernst Cassirers Kulturphilosophie ist sie das Produkt einer Entwicklung, in deren Verlauf der Zeitaspekt ursprünglich, nämlich mythisch an die Handlung gebunden ist und entsprechend unterschiedlich empfunden wird.
Cassirer macht den Unterschied zwischen der abstrakten „Ding-Zeit" und der „Erlebnis-Zeit" und warnt ausdrücklich davor, die Zeit als philosophische Frage mit der Frage nach ihrer Darstellung zu vermischen. In der Darstellung nämlich zählt nur die Erlebnis- oder Bewußtseins-Zeit, und zwar als „Präsenzzeit", in der das Bewußtsein von Vergangenheit und Zukunft, also sowohl Erinnerung als auch Erwartung, gleichumfänglich enthalten ist.
Während für Heidegger der Augenblick nur die kleinste (un)denkbare Zeiteinheit ist, tut er sich hier als der kreative Moment auf, in dem alles geschehen kann. Im Augenblick konkretisiert sich die symbolische Form, entsteht das Bild zwischen Mythos und Sprache: „Der Moment, in dem irgendein einzelner sinnlicher Eindruck symbolisch gebraucht und als Symbol verstanden wird, ist immer wie der Anbruch eines neuen Weltentages." (Cassirer)
Zeit läßt sich aufhalten, läßt sich dehnen. Diese Erfahrung ist für die Literatur im 20. Jahrhundert immer selbstverständlich gewesen: „Ästhetische Zeit ist nicht die metaphorisch versetzte historische Zeit." Unter dieser These deckt Karl Heinz Bohrer in „Das absolute Präsens" die Strategien der Literaten auf, mit denen sie die künstlerische Zeit aus den Schienen der historischen Zeit werfen. Franz Kafka, immer auf der Suche nach dem „Einen Augenblick Denken", gelingt sogar ein „Blitz, der noch andauert".

In the face of the harsher winds of modern times, of time-acceleration and a supposedly completely different way of life, calling for new forms, composure is the greatest gain. Back to time again: In Ernst Cassirer's cultural philosophy, time is the product of an evolution in the course of which the temporal aspect is bound to action in a primeval way, i.e. mythically, and is therefore felt in varying ways. Cassirer differentiates between 'object-time' and 'experienced time' and expressly warns against mixing time as a philosophical question with the question of its representation. For it is only time experienced and consciously perceived that counts in the rendering, then being 'a time of presence', in which the awareness of past and future – i.e. both memory and expectation – are contained in equal measure.
While the moment, for Heidegger, is only the smallest (in)conceivable time unit, it opens up here as the creative moment, in which everything is possible. Symbolic form takes definite shape in a moment of time, creating the image in between myth and language: 'The moment in which any one sensory impression is used symbolically and understood as a symbol, is always like the dawn of a new day.' (Cassirer)
Time can be stopped or extended. This has been a commonly accepted experience in 20th century literature: 'Aesthetic time is not the metaphorically shifted historical time.' Karl Heinz Bohrer put forward this thesis in Das absolute Präsens [the absolute present tense], uncovering the literary men's strategies to throw artistic time off the rails of historical time. Franz Kafka, always searching for 'that one moment of thought', even achieved a 'lightning that is still going on'.

Stoische Sachlichkeit
Stoical Factuality

„Nur manchmal schiebt der Vorhang der Pupille/ sich lautlos auf –. Dann geht ein Bild hinein, / geht durch der Glieder angespannte Stille – / und hört im Herzen auf zu sein."
Rainer Maria Rilkes „Panther" ist „betäubt", der Fähigkeit beraubt, die Bilder, die von außen in ihn dringen, zum Akt der Befreiung zu verwandeln. Die Bilder sind für Rilke – er ist sehr nahe an der Philosophie und sehr nahe am Mythos – lebensnotwendig; nicht nur als dichterischer Grundstoff: Den Herausforderungen der Moderne begegnet er mit einer Wahrnehmung, die der drohenden Sinnentleerung mythische Erkenntnis entgegenstellt. Karl Heinz Bohrer hat es in seinem Buch über „den Abschied" angedeutet.
Der Augenblick, etwa wenn Orpheus in den „Sonetten an Orpheus" endgültigen Abschied von Eurydike nimmt: Bei Rilke wird er zur Ewigkeit, indem er Vergangenheit und Zukunft, Erinnerung und Erwartung in eins zusammenschließt: „Sei allem Abschied voran, als wäre er hinter / dir, wie der Winter, der eben geht. / Denn unter Wintern ist einer so endlos Winter, / daß, überwinternd, dein Herz überhaupt übersteht. // Sei immer tot in Eurydike (...)." Alle vordergründige Dramatik ist aufgehoben zugunsten einer stoischen Hinnahme und Erkenntnis, die sich im Mythos vollzieht. Der Mythos erst läßt Rilke die immer wiederkehrende Situation des Abschieds begreifen und die Tragödie in ihrem ganzen Ausmaß offenlegen. Mit der Gelassenheit der Stoiker, für die das Erkennen der bewegten Natur nur aus der Ruhe heraus denkbar ist, sieht Rilke den Herausforderungen seiner Zeit entgegen. Oder hinterher? „Wir sind älter geworden, nicht nur um Jahre, auch um Ziele. Wir sind bis an die Marken der Zeit gegangen, und Tausende haben an ihren Schranken gerüttelt. Es ist Zeit, daß wir uns bescheiden." Was uns in Bezug auf die angekündigten großen Umwälzungen nur allzu vertraut klingt, hat Rilke vor hundert Jahren in sein „Florenzer Tagebuch" notiert.

Rainer Maria Rilke wrote a poem about a panther imprisoned in a cage, '...momentarily, the curtain of the pupils lifts without a sound, a picture enters, moves through the tense quietness of his limbs – and dies in his heart.' Rilke's panther is 'numbed', has been robbed of his ability to transform the images that he takes in from outside into an act of liberation. Rilke is very close to philosophy here, and to myth, in that these images are vital to him, and not only as a poetic basic matter. He meets the challenges of modern times with a perception which counteracts the threat of meaninglessness with mythical knowledge.
Karl Heinz Bohrer has expounded this in his book on 'parting'.
Take the moment in Rilke's Sonnette an Orpheus, for example, when Orpheus takes final leave of Eurydice: for Rilke, this moment becomes eternal, in that it encompasses past and future, memory and expectation: 'Be ahead of all parting as if it was behind /you, like the winter that is just leaving/so that, hibernating, your heart will survive at all.// Be dead in Eurydice forever!...'
All obvious drama has been abandoned in favour of a stoical acceptance and knowledge that is consummated in myth. It is myth that enables Rilke to comprehend the ever-returning situation of leave-taking and to reveal the entire scope of tragedy. Rilke faces the challenges of his time with the poise of the Stoic for whom the knowledge of living nature is only conceivable if it comes out of quietness. And later? 'We have grown older, not only in terms of years, but also of objectives. We have reached the markings of time, and thousands have rattled at its barriers. It is about time that we content ourselves.' Rilke's insight, jotted down in his 'Florentine Diary' one hundred years ago, sounds totally familiar to us in view of the great changes to come.

Buster Keaton als Venus von Milo
Buster Keaton as the Venus of Milo

In klarer, unaufgeregter Sprache – und begrenzt durch eine feste Form – hält Rilke gegen die sich wandelnde Welt der Dinge die Eigenständigkeit und die Konstanz der kulturellen Symbole.
Nur in dieser Spannung kann er sich eine zeitgemäße Kultur vorstellen, die mehr ist als bloßer Zeitkommentar.
Mitten in der Hysterie um Historismus und Jugendstil, gerade angesichts der scheinbaren Verfügbarkeit von Wünschen und Werkzeugen konstatiert er nicht eine Explosion, sondern eine Implosion des Zeitbildes und fordert eine heroische Bescheidung: „Wir müssen also innerhalb dieser Schranken eine Unendlichkeit schaffen, da wir an die Grenzenlosigkeit nicht mehr glauben." Diese Unendlichkeit ist genau die mythische Welt, in der die Klärung und Konzentration des Ausdrucks stattfinden kann. Ernst Cassirer präzisiert: „Das Bild befreit dieses Sein des Ausdrucks von allen bloß zufälligen und akzidentellen Bestimmungen und faßt es gleichsam in einem Brennpunkt zusammen."

In his clear, unexcited language – defined by a firmly contoured form –, Rilke holds up the independence and constancy of cultural symbols against the changing world of objects. It is only in this field of tension that he can imagine a contemporary culture which is more than a mere commentary of the times.
In den midst of historism and Jugendstil hysteria, and specially in the face of the apparent availability of wish fulfillment and appropriate tools, he does not register an explosion, but an implosion of our notion of time and demands a heroic modesty: 'We have to create infinity within these boundaries, since we no longer believe in limitlessness.' This immensity is precisely the mythical world in which clarification and concentration of expression may take place. Ernst Cassirer defined it more clearly: 'The image liberates this entity of expression from all merely random and accidental determinants, quasi bringing it together into a focus.'

Busters Fassaden
Buster's Facades

Aber der Film? Ist nicht der Film das Medium, in dem das Tempo modernen Lebens zum eigentlichen Ausdruck, vielleicht sogar zum Abbild kommt? Immerhin verschmelzen doch wie bei Zenons Pfeil einzelne statische Abschnitte zu einer einheitlichen Simulation von Bewegung und wird so das Leben mit seinen Anfechtungen zum Greifen anschaulich.
Einer hält immer wieder sein Gesicht für den Menschen in der Moderne hin: Buster Keaton. Er ist ein Prototyp. Selbst wenn er einen Steinzeitmenschen spielt, sorgt sich die Perspektive rückwirkend um die Zivilisation. Schon in den Filmtiteln schlüpft er versuchsweise in wechselnde Rollen, als wären sie Fallstudien einer großangelegten anthropologischen Studie: Verkleidungen des Orpheus.
Wie reagiert ein „Navigator", ein „Steamboat Bill", ein „Cameraman", der späte „Railroader" oder alle anderen auf das, was ihnen widerfährt, und sei es noch so ungeheuerlich, auf Havarien und Karambolagen, auf die Tücken der Technik, auf das um ihn herum zusammenkrachende Haus? Er antwortet motivisch, das heißt mit Bildern: Sein Körper wird zum Ornament, zur symbolischen Form.
Das Gesicht bleibt so unbewegt, daß man glauben könnte, er sei der Panther, noch immer gefangen in Rilkes Gedicht. Eben noch rauschen die Ereignisse um ihn herum nur als leise bewegte Spiegelungen über sein Gesicht wie über eine Leinwand. Aber urplötzlich geht der Unbewegte zur Handlung über. Regungsloser Stillstand schlägt in rasende Bewegung um, und umgekehrt läßt sich jede Bewegung abrupt einfrieren.
In Busters Filmen funktioniert die Welt nach eigenen Gesetzen. Aber sie funktioniert. Das Leben ist eine Maschine; sie stößt Bilder und Geschichten aus, die man austauschen, auseinandernehmen, umdrehen, zurücklegen kann. Für die Kunst ist das Leben nur ein Film.

But how about film? Is film not the medium which finally expresses, perhaps even reproduces the speed of modern life? After all, as with Zenon's arrows, individual static sections merge to simulate continuous motion, thus making life graphically real, with all its tribulations.
There is one whose face is always taken as the model of modern man: Buster Keaton. He is a prototype. Even when he plays a stone-age man, the perspective retroactively takes care of civilization. Already in the opening titles he tentatively assumes varying roles, as if they were case studies of a large-scale anthropological research project: Orphean disguises.
How do the Navigator, Steamboat Bill, the Cameraman, the late-coming Railroader or all the others react to what is happening to them? All these terrible disasters like ships' collisions, car crashes, the cussedness of technical things, the house collapsing. Buster answers by motifs, i.e. pictures: His body turns into ornament, into symbolic form.
Through all this, his face stays so unmoved that you could think he was the panther, still caught in Rilke's poem. A moment ago the turbulences surrounding him move across his face as softly moving reflections, as on a canvas. But all of a sudden, the unmoved storms into action. Absolute stillness changes to frenzied movement, or else action is abruptly stopped.
In Buster's films the world functions according to its own rules, but it functions. Life is a machine. It produces pictures and stories which we can exchange, take apart, turn around, put back. To art, life is but a film.

Häuser im Shakerdorf
Sabbathday Lake
Sides of two buildings, Shaker, Sabbathday Lake

Die Welt ist voller Mythen. Ein Ding verwandelt sich in ein anderes. Auch in Busters Maske der stoischen Unbewegtheit finden ständige Verwandlungen statt. Nicht das Leben und nicht die Vernunft, sondern der Schlagabtausch der Bilder führt schließlich zur Befreiung aus bedrohlicher Situation. Orpheus Keatons Methode, die denkbar unscheinbarste, triumphiert am Ende. Naiv ist sie nur scheinbar: Als Kondensate der Erfahrungen sind ihm sosehr in Fleisch und Blut übergangen, daß sie sich wie im Schlaf einstellen. Dank Buster wissen wir, warum sich die „Fassade" vom „Gesicht" herleitet. Buster ist ein Haus. – Oder auch ein Nutzobjekt: „Buster ist in seinen Linien einfach geworden wie ein Gegenstand, der regelmäßig gebraucht wird", wie Marieluise Fleißer 1930 schrieb.

The world is full of myths. One object is turned into another. Even Buster's mask of stoical stillness constantly changes. Neither life nor reason, but the rapid succession of images finally leads to liberation from a dangerous situation. Orpheus-Keaton's method – the most unobtrusive conceivable – triumphs in the end. It is only seemingly naïve. As a 'condensate' of all his experiences, it has become so much a part of him that it comes to him in his sleep. Thanks to Buster, we now know why the term 'facade' derives from the word 'face'. Buster is a house. – Or a useful object. 'In his contours, Buster has become as simple as an object that is used regularly,' wrote Marieluise Fleißer in 1930.

Die Shaker und die Wiederkehr der Zeitlosigkeit
The Shakers and the Return of Timelessness

In was aber kann sich ein Gegenstand verwandeln? Und wer baut die Häuser, die Buster Keaton, ohne es zu wollen, einstürzen läßt? Zuerst aber: Kann auch Architektur die Zeit überwinden? Ganz bestimmt in dem Sinn einer Architektur, die heute populärer ist, als sie es je war, obwohl es sie immer (jedenfalls schon sehr lange) gegeben hat. Als da wären die Shaker, eine ab dem 18. Jahrhundert in den USA mittelweit verbreitete religiöse Bewegung. Heute, da sie keine zehn Mitglieder mehr zählt, sind die Erzeugnisse ihrer handwerklichen Arbeit, darunter auch die Häuser, zum Synonym für effiziente, durchdachte und dauerhafte Gestaltung geworden.

Die Art und Weise, in der sie unablässig ihre Welt bearbeiten, versammelt Erfahrungen, die heute in Skulptur und Land Art originalgetreu rekonstruiert werden. Die elementarste notiert, wie Materie in der Zeit in Form verwandelt wird – und was davon noch in der Form bewahrt bleibt. Einmal gespeichert, ist dieser Vorgang nämlich jederzeit abrufund auch umkehrbar, weil der Augenblick der optischen Wahrnehmung jedesmal aufs neue den Augenblick der Formwerdung imitiert. Und damit sind auch in ihm Erinnerung und Erwartung enthalten: Aus dem erfahrenen Wissen um Entstehung und Alterung resultiert die Wertschätzung für eine spezifische Materialisierung ebenso sehr wie aus der sinnlichen Erfahrung der Hand, die aus den mythischen Bildern nur ungenügend in sprachliche Begriffe übersetzt werden kann.

Die Bedeutung der sinnlichen Erfahrung für das Verstehen liegt bereits Cassirers Modell zugrunde. Daß er den Sinn dessen, was wir tun, wieder auf die Sinne zurückführte, läßt die Frage nach der Materialisierung und der Oberfläche in einem nicht beiläufigen, sondern wesentlichen Licht erscheinen.

Wir können also nicht umhin, auch die Erscheinungen und Stimmungen des Materials zu den symbolischen Formen zu zählen, durch die sich die Welt erschließt. Mit Surrogatmaterialien – man muß nicht gleich an Eternitverkleidungen und Kunststoffenster denken – verbinden sich in jeder Hinsicht weniger verläßliche und weniger angenehme Erfahrungen und Ahnungen als mit solchen Materialien, die das Potential zu einer nachvollziehbaren Verwandlung mitbringen.

What can an object change into? And who will build the houses for Buster Keaton to stand in when they crash down? But first of all: is architecture capable of overcoming time? It certainly is, in the sense of an architecture which is more popular than ever before, although it has always existed (or at least for a very long time). For example the buildings of the Shakers, a religious group that emerged in the United States in the 18th century. Today, with the group counting not even ten members, the products of Shaker work, among them houses, have become the synonym for efficient, well thought-through designs and durably crafted objects.

The way the Shakers tirelessly worked on their world represents a collected experience that is now being faithfully reconstructed in sculpture and land art. The most elemental experience registers how matter, with time, is changed into form and which parts of it have been preserved in that form. Once stored, this process can be retrieved and turned around at any time, because each time the moment of optical perception imitates anew the birth hour of form, thus in turn incorporating memory and expectation. The appreciation of a specific materialization grows out of the empirical knowledge about development and aging, and just as much out of the sensory experience of the hand that can only inadequately be translated from mythical image into terms of speech. The significance of sensory experience for understanding was already the basis of Cassirer's model. The fact that he put down the 'sense' of our actions to the 'senses' makes the question of materialization and surface appear not trivial, but essential.

So we cannot help counting the appearances and moods of a material amongst the symbolic forms through which the world reveals itself.

Haus Wittgenstein
Wittgenstein´s house

In der Umsetzung in die sprachliche Ebene konkretisieren sich die architektonischen Symbole weiter, ohne daß der mythische, ausdruckshafte Aspekt aufgegeben wird. Jede „Architektursprache" bleibt ja immer noch bildlich. Die Shaker nehmen sie so weit zurück, daß sich die Verwandlungen ungestört vollziehen können.
Das erste Bild, das uns die Shaker mit ihrer Architektur vermitteln, ist das des einfachen Lebens, vordergründig jedenfalls. Einfach sind die Bauten nur bedingt, wenn man ihre übergroßen Dimensionen und den Zeitaufwand ihrer Erstellung mitbetrachtet.
Hier lassen sich zwei Blickwinkel scheiden:
Für das Leben sind sie geräumige und praktische Gehäuse, in der Perspektive von Darstellung und Wahrnehmung (wie gesagt, wollen wir beides nicht trennen) sind sie auf jeweils eine Ansicht berechnet. Jede davon ruht stoisch in sich.
Aus ihren immer gleichen Öffnungen spricht eine großzügige Gelassenheit. Es sind ostentative Gesten. Der frontale Blick auf die Fassaden ist der Standpunkt der Kamera, die auf Buster Keaton gerichtet ist; und die Unbewegtheit der Fassaden ist dieselbe Ruhe der Erfahrung, mit der Buster dem Leben entgegenblickt. Der Bezugspunkt aber muß fix bleiben, die Kamera hält still. Nur so läßt sich einfangen, wie die Bilder zwischen „Hütte" und „Palast" oszillieren.
Ein engagierter Kritiker würde wohl sagen: Schau an, auch die Shaker versuchen, herrschaftliche Wohnformen zu imitieren. Ein stoischer Kritiker sieht darin lieber die Poesie, mit der hier Bilder erzeugt werden, die mühelos ineinander überführt werden können. Aber es ist eben keine Poesie der Worte, sondern architektonische Poesie. Dem Teil der Bilder, der tief in den Mythen der Architektur wurzelt und daher kaum ausreichend mit Worten beschrieben werden kann, kommt der Sprachwitz, auch er eine Form des Bildertauschs, nahe.
Wenn etwa Auguste Perret zu Le Corbusiers Fensterbändern, den „fenêtres en longueur", kühl (oder stoisch, jedenfalls im vollen Vertrauen auf die symbolischen Formen der Architektur) bemerkt: Warum nicht auch „portes en longueur", also „Türbänder"?

We usually associate less reliable and pleasant experiences and notions with surrogates (and we do not immediately have to think of Eternit claddings or synthetic window frames) than with materials which carry with them the potential of a retraceable transformation.
Architectural symbols are further concretized via their transposition onto the level of speech, without the mythical, expressive aspect being renounced. Every 'architectural language' still remains metaphorical. The Shakers have reduced its imagery to the point where the 'translation' develops without disturbances.
Here we can differentiate two approaches: for living, they built spacious, practical boxes, calculated for only one viewing angle in the perspective of representation and perception (as said, we do not want to separate these two). Each elevation appears to be stoically at peace with itself. Its uniform openings convey the building's generous tranquillity. All these are ostensible gestures. The frontal view of the facades is the camera's position in doing takes of Buster Keaton. And their unruffledness is the same empirical poise with which Buster faces life. The reference point, however, must remain fixed, the camera keeps still. It it only in this way that it can capture the oscillation of images between 'hut' and 'palace'.
A dedicated critic would probably say: well, well, even the Shakers try to imitate lordly forms of living. But a Stoic critic prefers to see the poetry in this generating of pictures which can easily be made to interlock and merge. Yet it is precisely not a poetry of words, but of architecture. That part of the pictures, which is deeply rooted in the myths of architecture and can therefore hardly be adequately described in words, is approximated by a pun on words (also a form of image exchange). Auguste Perret, for example, once coolly commented Le Corbusier's fenêtres en longueur [window bands]: 'Why not "portes en longueur" [door bands] as well?' (Perhaps that was a stoical question, in any case an expression of his full trust in the symbolical forms of architecture.)

Wittgensteins Haus
Wittgenstein's House

Sind solche Erfahrungen übertragbar, herauszulösen aus der Gemeinschaft der Shaker mit ihrer besonderen Arbeitsethik? Haben sie noch irgend etwas zu tun mit der Berufsauffassung eines Architekten des 20. Jahrhunderts?
Ludwig Wittgenstein war Philosoph, was ihn nicht davon abhielt, ein Haus zu bauen, das so gar nichts Dilettantisches hat. Und er liebte Kinofilme, aber nur solange sie stumm blieben und von jener Sorte, bei der sich die Bilder auf Verfolgungsjagden überschlagen. Großzügig gerechnet, wären das schon zwei Gründe, die ihn für diesen Text interessant machen.
Es gibt aber noch mehr und bessere. Das Wiener Stadthaus, das er zusammen mit Paul Engelmann für seine Schwester entwarf und dessen Bau er leitete, irritiert seit der Fertigstellung 1928 durch seine scheinbare Zwitterhaftigkeit. Von Anspruch, Ausstattung, Dimensionen und Proportionen ein echtes Palais, kommt es merkwürdigerweise völlig ohne Ornamente und ohne Verkleidungen in Form von Tapeten oder Malereien aus. Nimmt man noch die klaren Umrisse hinzu, kann es in einem abstrakten Sinn auch als Gruppe von ineinandergeschachtelten Würfelformen erscheinen. Die metallenen Bauteile und technischen Apparaturen machen es zu einer Art von Werkstatt oder Maschine; eine Maschine, die nur durch den Einsatz von Handwerk zum Laufen gebracht werden kann. Die Materialisierung unterstützt das Wechselspiel: Stahlfenster in Stucco-Lustro-Wänden, Industrie- neben Parkettböden.
Sieht so „wortkarg" das Haus eines Philosophen aus, der sich mit Sprache beschäftigt? Erst wenn man die „Architektursprache" in ihrem mythisch-bildlichen Gehalt begreift, verkehrt sich die vermeintliche Kargheit in assoziativen Reichtum.
Die beständige Überblendung der Bilder zwischen „Palais" und „Maschine" funktioniert so reibungslos dank der Präzision, mit der Wittgenstein jedes Detail plante und überwachte. „Wie wenn man eine Uhr macht", sagte seine Schweizer Freundin.

Are such experiences transferrable to situations outside the Shaker community with its special work ethics? Do the latter have anything to do with the professional ethics of a 20th century architect?
Ludwig Wittgenstein was a philosopher. This did not prevent him to build a house which has nothing dilettante about it at all. He loved motion pictures, but only as long as they were silent film with those tumbling pictures of hot pursuits. Seen with largesse, these already would be two reasons for making him of interest for this text.
However, there are more and better houses. The Viennese urban villa which he, together with Paul Engelmann, designed for his sister and built as the architect-on-site, has irritated right from its completion in 1928 by its apparent 'hybrid' character. As to its design intention, interior decoration, dimensions and proportions, it is a true palace, yet strangely manages without any ornaments and linings in the form of wall papers or frescoes. With its clear contours, it may appear – in an abstract sense – as a group of interlocking cubic volumes. The metal parts and technical fittings make it into a kind of workshop or machine – a machine that can only be operated through the use of craft. The house's materialization undergirds the interplay of: steel window frames with stucco lustro walls, industrial flooring with parquetry. Can this 'laconic' house be the product of a philosopher concerned with language? It is only when we grasp 'architectural language' in its mythical and figurative content that the apparent sparingness changes to associative richness. The constant fade-in-fade-out of the 'palace' and 'machine' metaphors functions smoothly, due to the precision with which Wittgenstein planned and supervised each detail. 'Just as if he made a watch,' said a Swiss lady friend.

Jacques Henri Lartigue:
Ma nounou Dudu, 1904

Standbilder
Stills

Wir sind inzwischen mitten in der Architektur angelangt, von der wir uns natürlich nur scheinbar je entfernt haben. Gelandet sind wir schon wieder am Ende der zwanziger Jahre. Warum immer wieder die Zwanziger? Es ist die Moderne selbst, die solche Strategien, wie sie unsere Schlüsselszenen vergegenwärtigen, in Gang gesetzt hat, um sich gegen die drohende Sinnauflösung zu behaupten und um die kulturelle Vielfalt in kulturellen Reichtum zu verwandeln. Selbst dort, wo das Leben in bewegliche Worte oder Gesten gefaßt wird, also in Philosophie, Literatur und Film, stößt man auf Überlagerungen mythischer Bilder, die sich je nach Betrachtungsweise in den Vorder- oder in den Hintergrund schieben und das Werk einer einseitigen Fixierung entziehen. Die Vorstellung von einem immer schnelleren Wandel der Welt wird in der schichtweisen Überblendung aufgefangen und paralysiert. Das oftzitierte Paradoxon aus dem „Leoparden" des Fürsten Lampedusa, daß sich alles ändern müsse, damit es so bleibe, wie es sei, kann sich hier von seiner doppelten Seite zeigen. Die Perspektive zielt mindestens ebensosehr auf das Bleiben wie auf den Wandel. Erst recht aber in der unverrückbaren Architektur ist diese Strategie nicht nur gewitzter als alle vorauseilende Zeitgenossenschaft, sondern auch erfolgversprechender, was ihr zeitliches Überdauern anbelangt. Mimikry ist die überlegene stoische Überlebenstaktik. Anstatt sich unter der vermeintlichen Last der Zeit zu falten und unter den philosophischen Selbstversuchen ihres Urhebers zu verbiegen, errichtet eine stoische Architektur dauerhafte „Standbilder", die nicht nur das Innere abbilden, sondern auch ein Reservoir an symbolischen Formen, also die Bilder und das Material. In beide fließt die Zeit auf ganz selbstverständliche Weise ein, bleibt als Erinnerung und Erwartung gegenwärtig. Die Zukunft ruft nach der Vergangenheit, um das Gleichgewicht im Augenblick herzustellen.

By now we have arrived right in the thick of architecture, having only seemingly diverged from it. And we find ourselves, again, at the end of the twenties. Why always the twenties? It is the Modern Movement itself that has set in motion strategies like the ones brought to mind in our key scenarios in order to stand up against the threatening dissolution of meaning and to change cultural diversity into cultural riches. Even in the fields where life is captured in 'agile' words or gestures, i.e. in philosophy, literature and the 'movies', we encounter overlayerings of mythical metaphors which – depending on the way one looks at them – shift to the fore- or background and thus put the work out of reach of a one-sided fixation. The idea of an ever more rapid change of the world is being caught up and paralyzed in layered stills. Prince Lampedusa, in his book 'The Leopard', stated the paradox that everything has to change for everything to stay as it is. This has often been quoted since and is here able to show its two sides. The prospects are equally geared to staying and to changing. In the immovable architecture, most especially, this strategy is not only shrewder than that of any of all the other groups of contemporaries who are pressing on ahead, but also more promising with regard to its longevity. Mimicry is the superior stoical survival strategy. Instead of folding up under the supposed burden of time, and instead of being distorted through the philosopher's self-testing methods, a stoical architecture erects durable 'stills' which do not only reproduce the innermost, but also a fund of symbolic forms, both metaphorical and material. Time flows quite naturally into them, and stays in the form of both memories and expectations. The future calls on the past to create a balanced moment.

Das klingt fast schon zu selbstverständlich und zu einfach. Die schwierige Kunst ist, die Bilder so in Übereinstimmung zu bringen, daß sie ineinander auf- und ineinander übergehen, ohne daß ein Rest bleibt. Es braucht dazu Präzision – im Material und im Ausdruck, eine Kunst des Weglassens analog zu den Konzepten des „sachlichen Sagens“ bei Rilke und der „Klärung“ beim Philosophen Wittgenstein.

This sounds almost too obvious and simple. The difficult art consists in adjusting the images in such a way as to make them completely blend into each other without leaving any rests. To achieve this we need precision – of material and expression – the art of reduction in analogy to Rilke's concept of 'sachliches Sagen' [factual saying] and the philosopher Wittgenstein's 'Klärung' [clarification].

Treppenhalle im Haus Wittgenstein
Staircase in Wittgenstein´s house

Komplett
Complete

Das genau ist es, was eine solche Auffassung von Architektur, und um konkret zu werden, was die Entwürfe von Volker Busse und Andreas Geitner, aus der eingefahrenen Architekturproduktion zwischen postmoderner Zitierlust und oberflächlicher Konfektion heraushebt: nicht ein bißchen von diesem und ein bißchen von jenem, sondern eine überlegte Präzision der architektonischen Mittel, bis sich jene Bilder herausschälen, die dazu beitragen, den Ausdruck zu verdichten und die Aufmerksamkeit auf das Potential der symbolischen Formen zu lenken.
Wenn sich Bilder einstellen, die sich benennen und eingrenzen lassen, etwa auf Architekturen der Renaissance, Stadthäuser des neunzehnten Jahrhunderts, das Bauen der Shaker und das Neue Bauen der zwanziger Jahre, bleiben sie doch in die Fassade eingebunden und mit dem Aufbau fest verwoben. So erkennt sich das ganze Gebäude in einem Bild wieder, das noch im selben Moment in ein ganz anderes umschlagen kann. Zwischen diesen Augenblicken scheint beständig die Aufgabe des Entwurfs auf, die sich an jedem Ort neu stellt, aber immer auch eine kulturelle Aufgabe ist.
Die Bilder klären und präzisieren den Anspruch einer Architektur, die mehr sein möchte als der eindimensionale Ausdruck der Jetztzeit in einem komplexen örtlichen und historischen Umfeld. Warum sich auch damit zufrieden geben, wenn Architektur mehr leisten kann? Wenn sich die symbolische Komplexität in einer einfachen Erscheinung so unaufdringlich entfalten kann, daß sie sich ganz selbstverständlich an das Bestehende anschließt, an das bestehende Umfeld und an die bestehende architektonische Kultur.
Oder wenn der Entwurf beide Perspektiven des Augenblicks, die voraus- und die zurückschauende, so unauffällig in die symbolischen Formen

It is exactly this quality that distinguishes this kind of architectural approach and – to come to the point – the designs of Volker Busse and Andreas Geitner from the beaten-track architectural production oscillating between the post-modern love of quotation and superficial ready-mades. Theirs is not 'a bit of this' and 'a bit of that', but the precisely thought-through moulding of tectonic means until those metaphors emerge which contribute to expressive concentration and draw attention to the potential of symbolic forms.
In the case of such emerging images being definable as, for example, architectural elements from the Renaissance, 19th century urban villas, Shaker constructions, or the New Architecture of the twenties, they remain firmly integrated into the facade and structure. Thus the entire building recognizes itself in an image that can turn into another in that same instant. In between these moments appears the design task – a new one for each site, yet always a cultural assignment.
The images/metaphors define an architecture which claims to be more than the one-dimensional expression of modern times in a complex local and historical environment. Why be content with that if architecture is capable of achieving more? If the symbolic complexity of a simple appearance can unfold in such unobtrusiveness that it quite naturally follows on from the existing environment and architectonic culture? Or if the design integrates both aspects of one moment (the view to both past and future) so inconspicuously into the symbolic forms of a building that terms like disassociation or ingratiation become insubstantial?
Even if we could not put a name to any of these images: their expression of concentrated

integriert, daß Begriffe wie Abgrenzung oder Anbiederung substanzlos werden.
Und selbst wenn man keines der Bilder benennen könnte, würde ihr Ausdruck der konzentrierten Gesten, des ruhigen und gleichzeitig heiteren Rhythmus und würde die sinnliche Erfahrung des Materials mehr als eine Ahnung davon vermitteln, daß die Architektur in diesen Bauten auf eine zeitgemäße Art wieder vollständig geworden ist, ausgeglichen, stoisch.

gestures, of a quiet and at the same time poised rhythm, and the sensory experience of materials would convey more than an inkling of the fact that architecture has been made complete, again, in these buildings, in a manner that is fit for modern times – balanced, and stoical.

Literatur **Literature**

Ernst Cassirer
„Philosophie der symbolischen Formen"
Erster Teil: Die Sprache, Berlin 1923
Zweiter Teil:
Das mythische Denken, Berlin 1925
Dritter Teil:
Phänomenologie der Erkenntnis,
Berlin 1929

Martin Heidegger
„Sein und Zeit"
Jahrbuch für Philosophie und
phänomenologische Forschung,
Band VIII, Halle 1927

Karl Heinz Bohrer
„Das absolute Präsens. Die Semantik
ästhetischer Zeit"
Frankfurt am Main 1994
„Der Abschied. Theorie der Trauer"
Frankfurt am Main 1996

Jürgen Habermas
„Vom sinnlichen Eindruck
zum symbolischen Ausdruck"
Frankfurt am Main 1997

Hypo-Bank Magdeburg, Filiale Hasselbachplatz
Hypo-Bank Magdeburg, Hasselbachplatz Branch

Projektleiter **Project architect**
Norbert Krümmel

Bauherr **Client**
Hypo-Bank

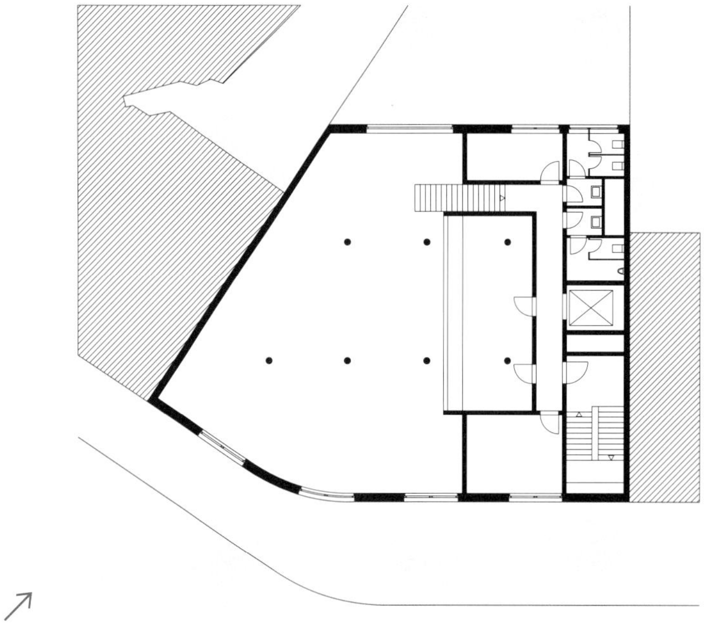

Galeriegeschoß
Mezzanine

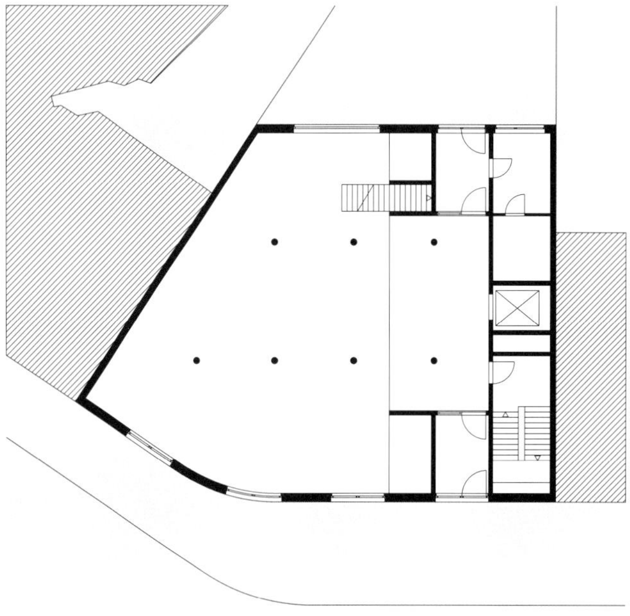

Erdgeschoß
Ground Floor

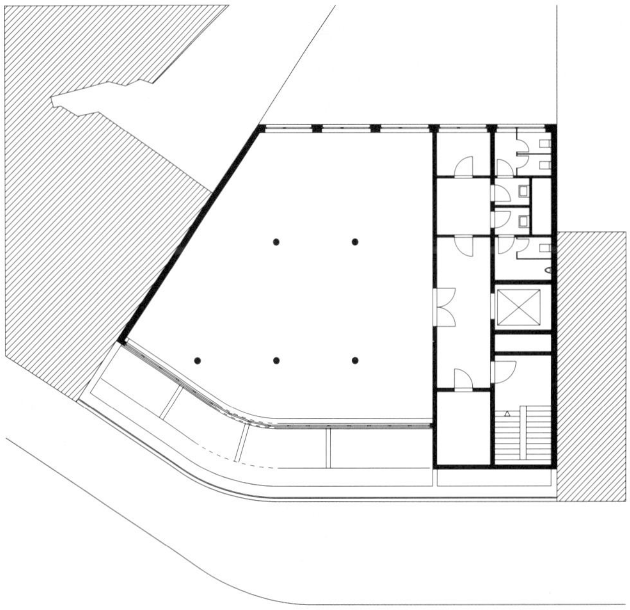

Dachgeschoß
Roof Level

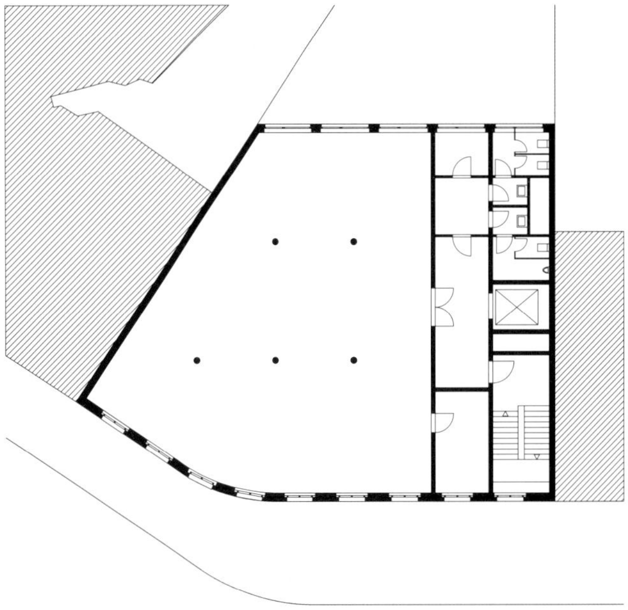

Erstes bis viertes Obergeschoß
First to fourth Floor

Straßenansicht
Street Elevation

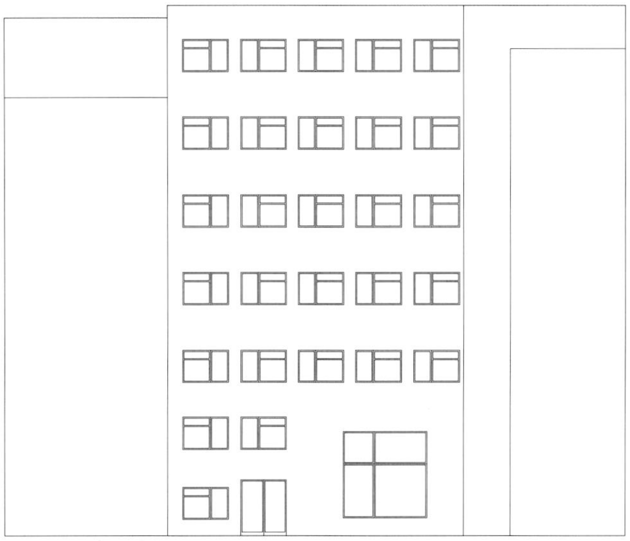

Hofansicht
Courtyard Elevation

GRUNDIG

36

HYPO BANK

Reihenhäuser, Falkensee
Row Houses, Falkensee

Projektleiter Project architects
Heidrun Eppinger, Elisabeth Dahmen

Bauherr Client
Herlitz Falkenhöh AG

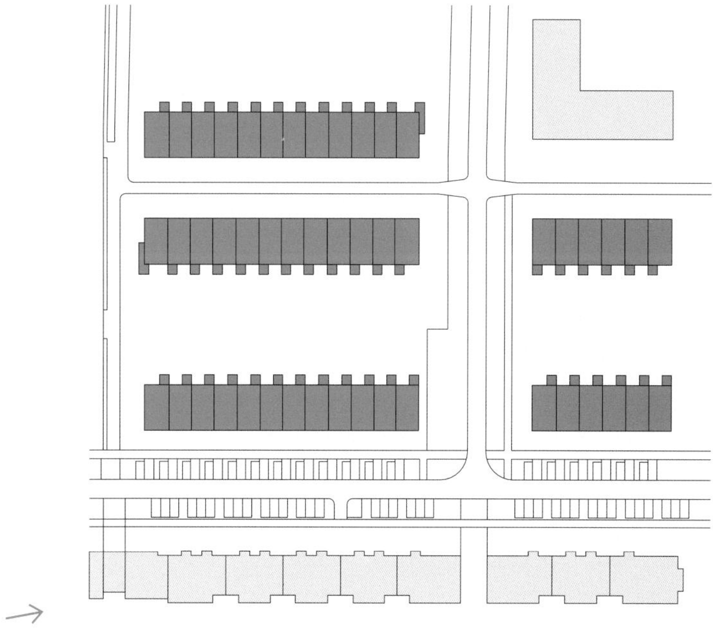

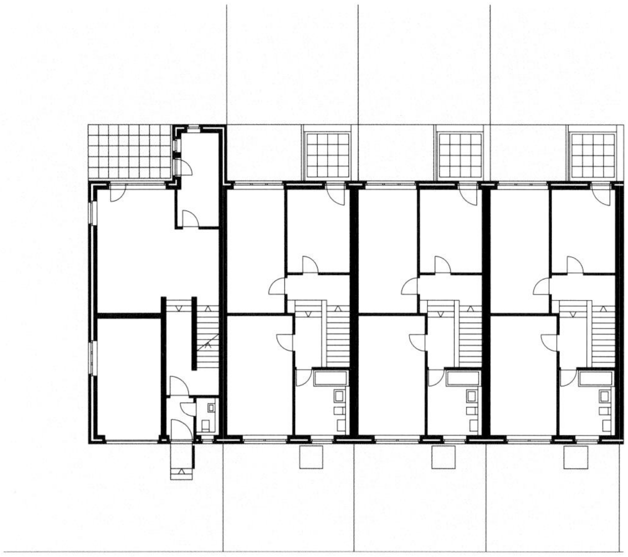

→

Typ eins
Type one

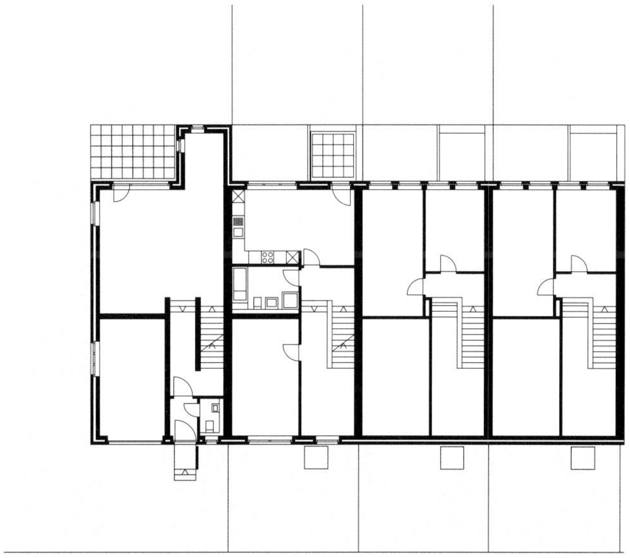

Typ drei
Type three

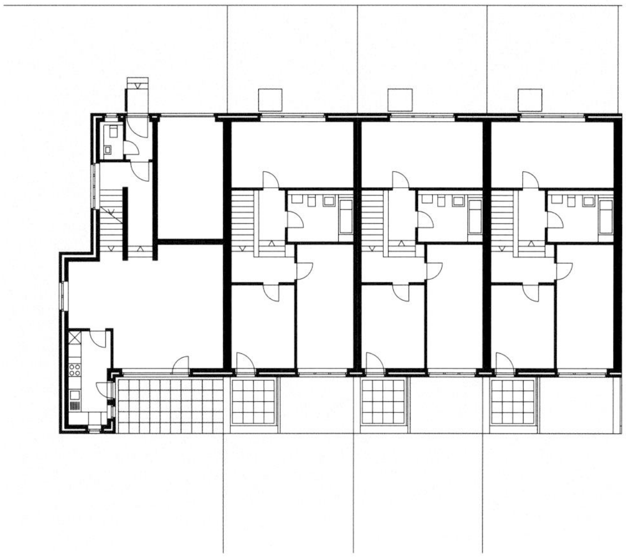

Typ zwei
Type two

56

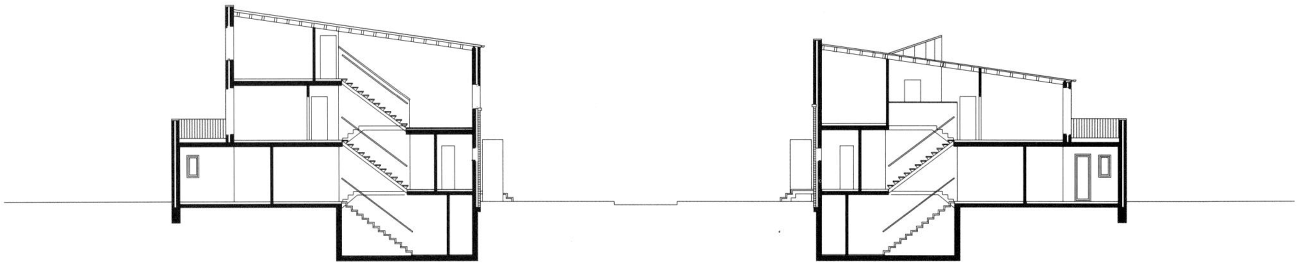

Schnitt Typ zwei und Typ drei
Cross Section Type two and Type three

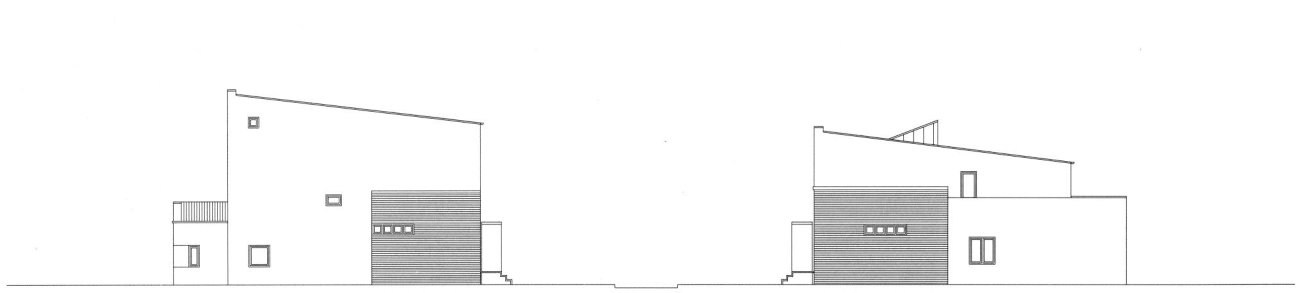

Seitenansicht Typ zwei und Typ drei
Side Elevation Type two and Type three

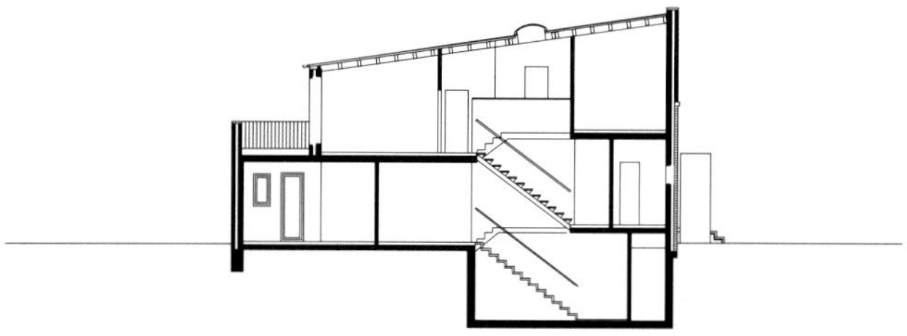

Schnitt Typ eins
Cross Section Type one

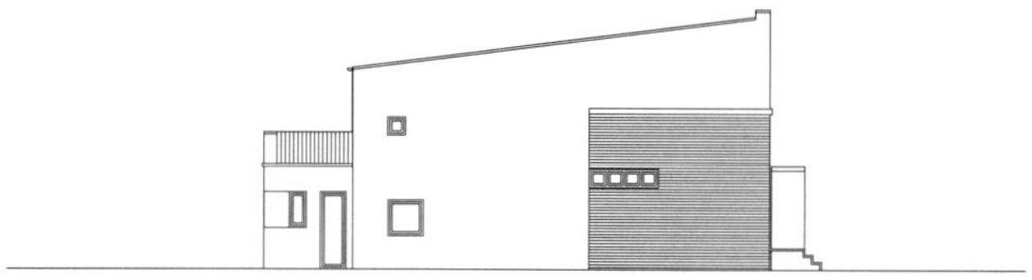

Seitenansicht Typ eins
Side Elevation Type one

Straßenansicht Typ zwei
Street Elevation Type two

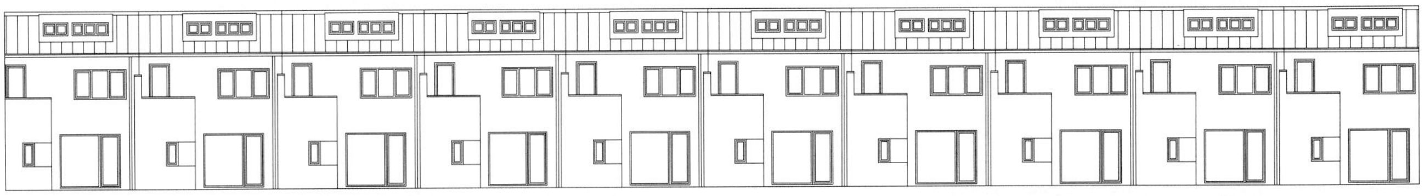

Gartenansicht Typ zwei
Garden Elevation Type two

Straßenansicht Typ drei
Street Elevation Type three

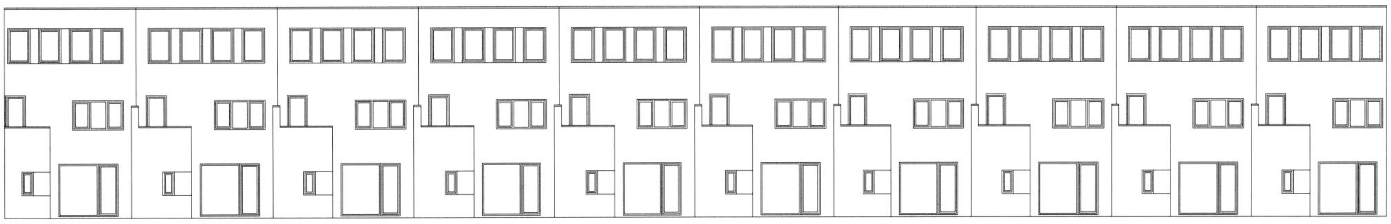

Gartenansicht Typ drei
Garden Elevation Type three

Kindertagesstätte, Falkensee
Day Nursery, Falkensee

Projektleiter **Project architect**
Claudia Henning

Bauherr **Client**
Herlitz Falkenhöh AG

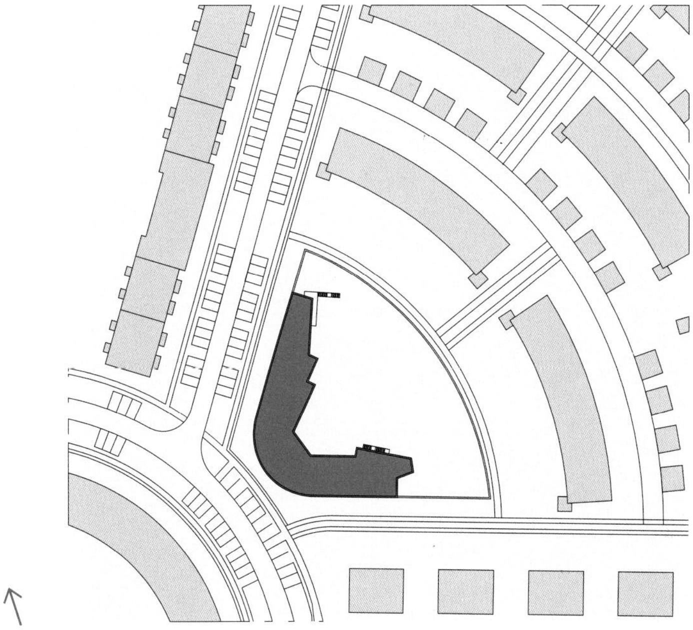

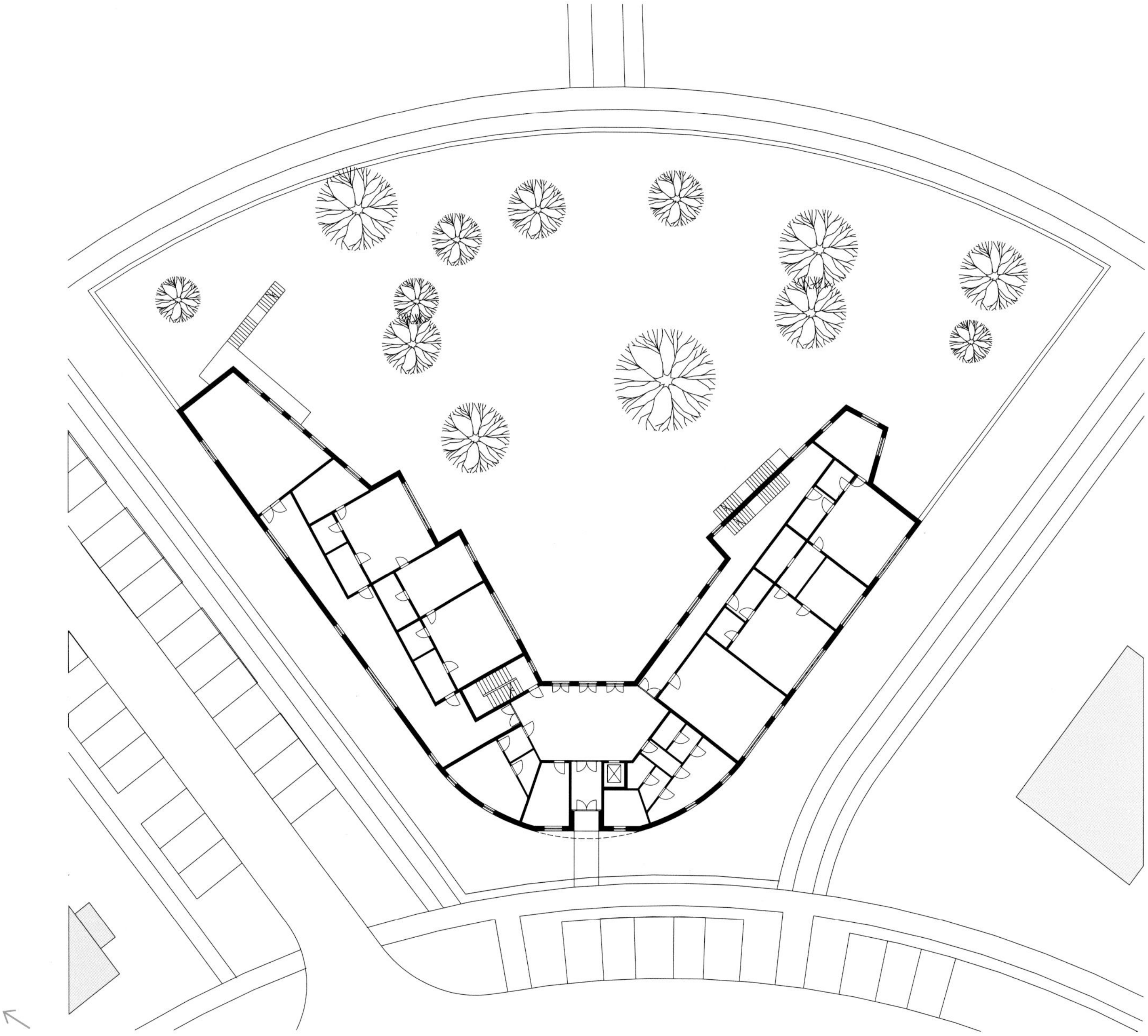

Erdgeschoß
Ground Floor

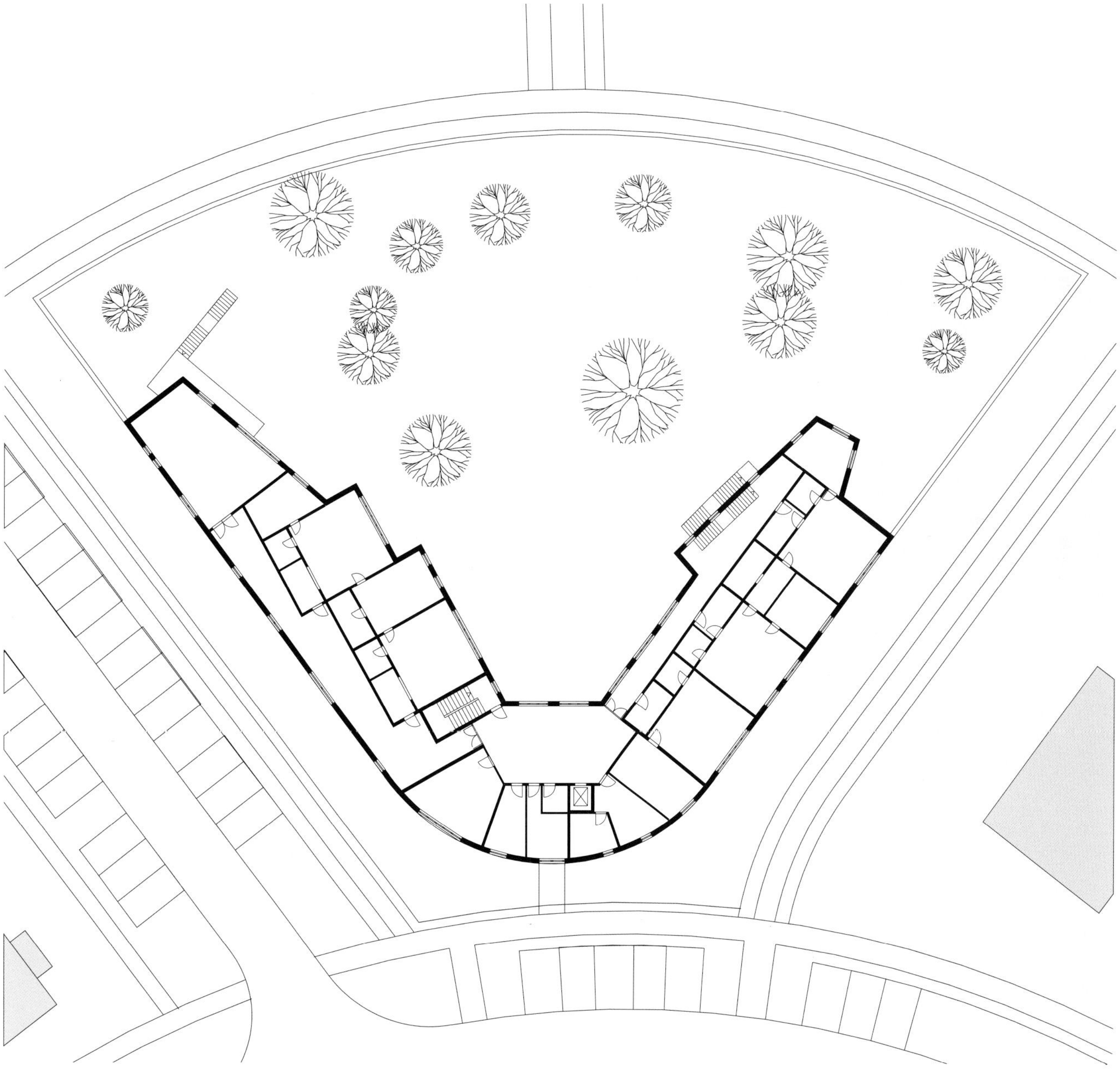

Erstes Obergeschoß
First Floor

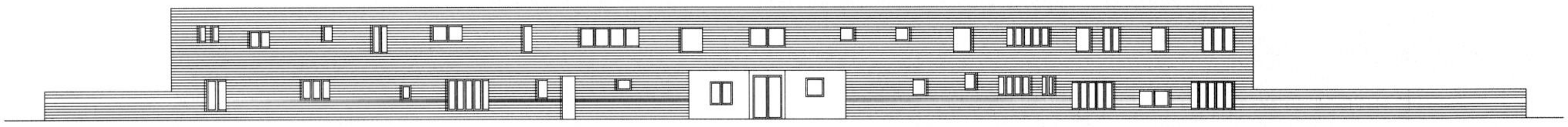

Straßenansicht
Street Elevation

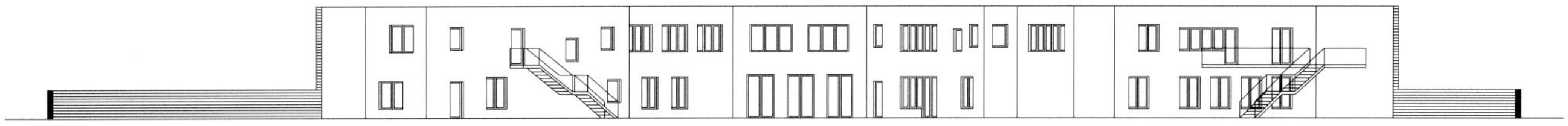

Gartenansicht
Garden Elevation

Kindertagesstätte, Falkensee
Day Nursery, Falkensee

Stadtvillen Hauffstraße, Magdeburg
City Villas Hauffstrasse, Magdeburg

Projektleiter **Project architect**
Oliver Maltzan

Bauherr **Client**
Dr. Hoffmeyer Immobilien

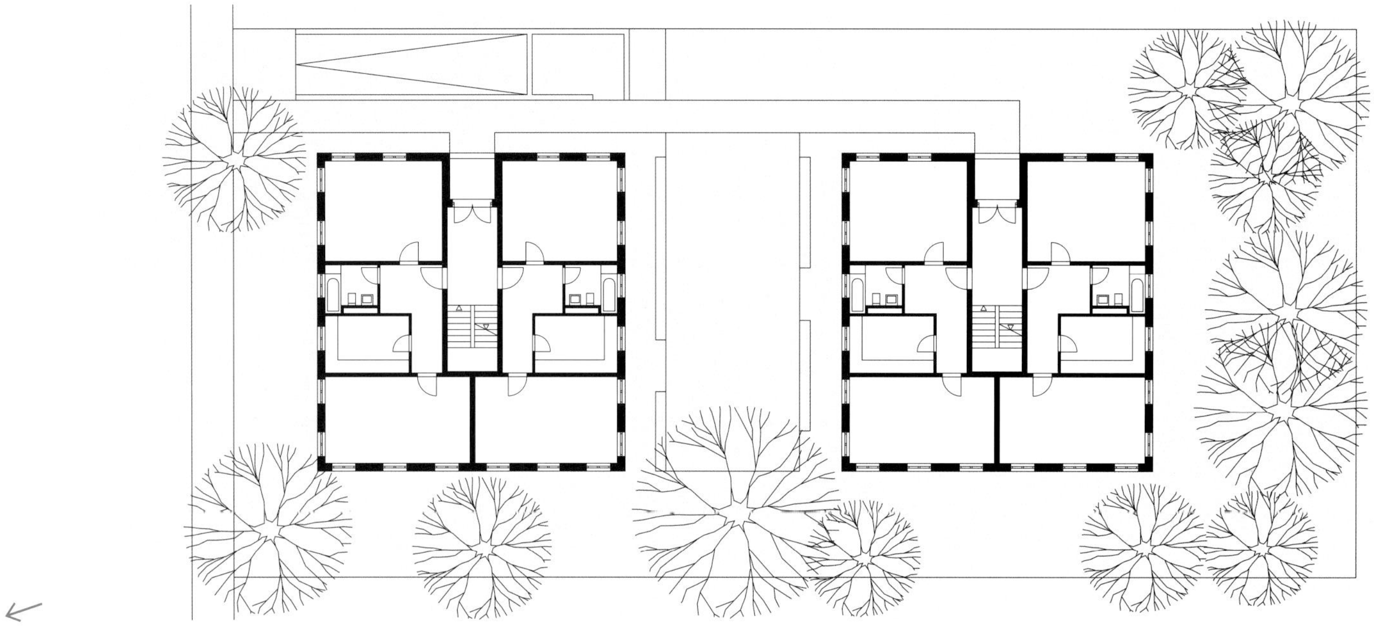

Erdgeschoß
Ground Floor

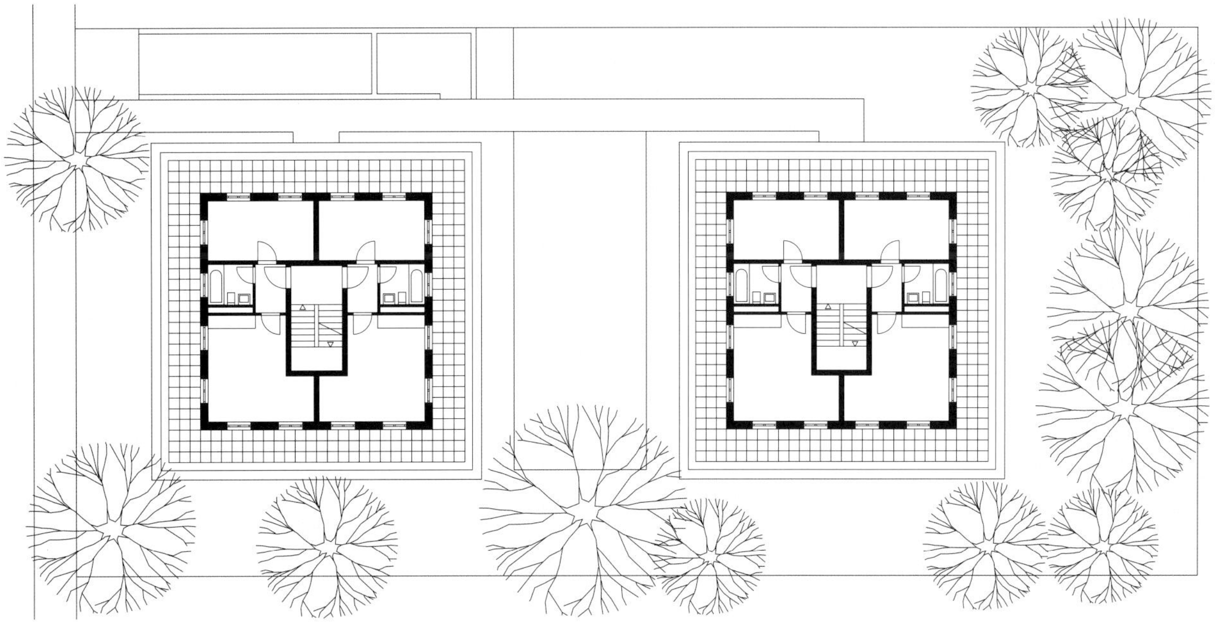

Dachgeschoß
Roof Level

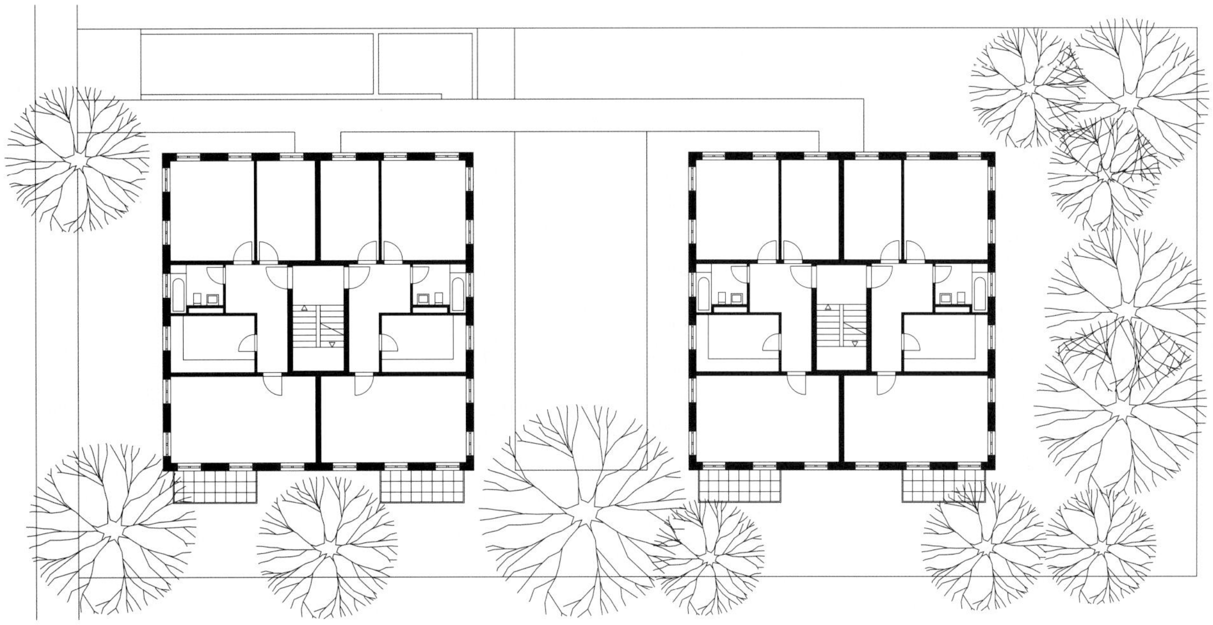

Erstes und zweites Obergeschoß
First and second Floor

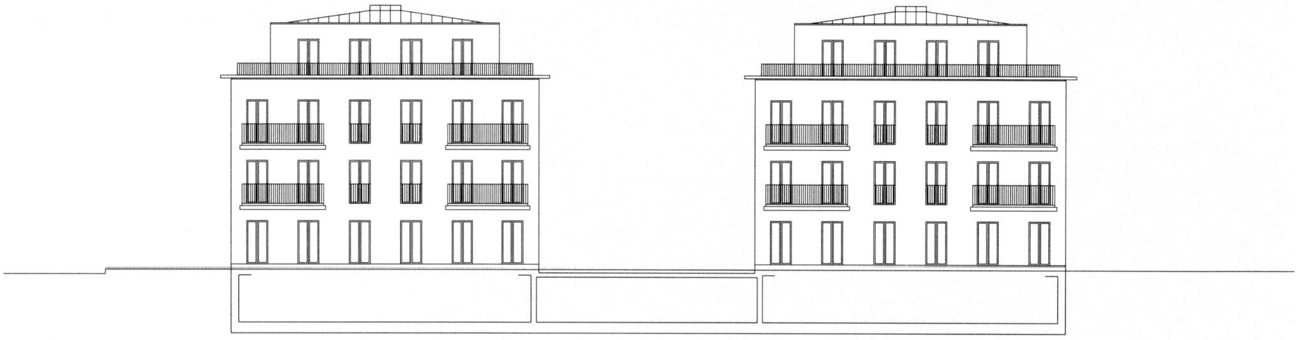

Ansicht von Westen
West Elevation

Ansicht von Osten
East Elevation

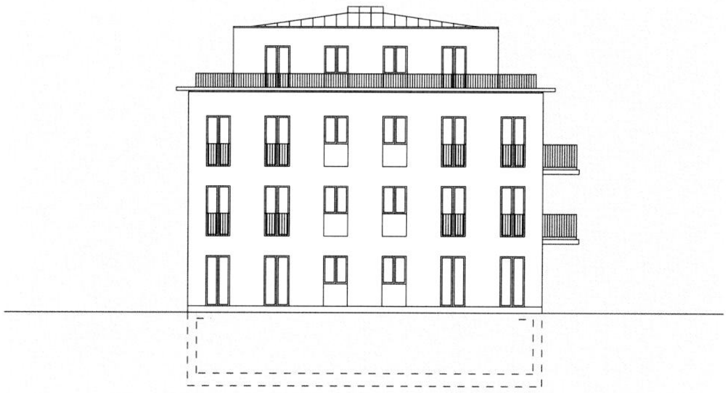

Ansicht von Norden
North Elevation

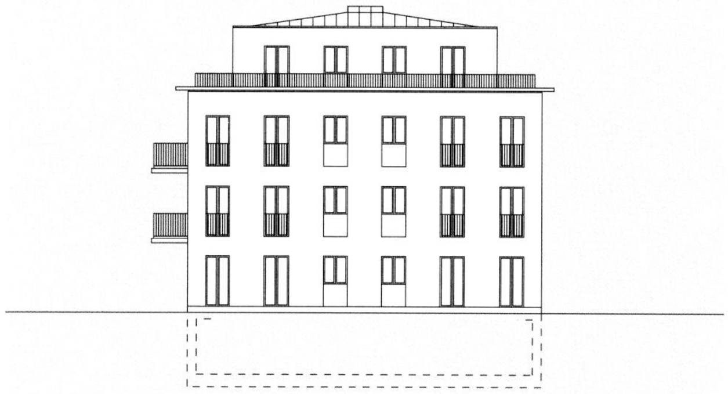

Ansicht von Süden
South Elevation

Werkverzeichnis 1991 bis 1997
Works List 1991 to 1997

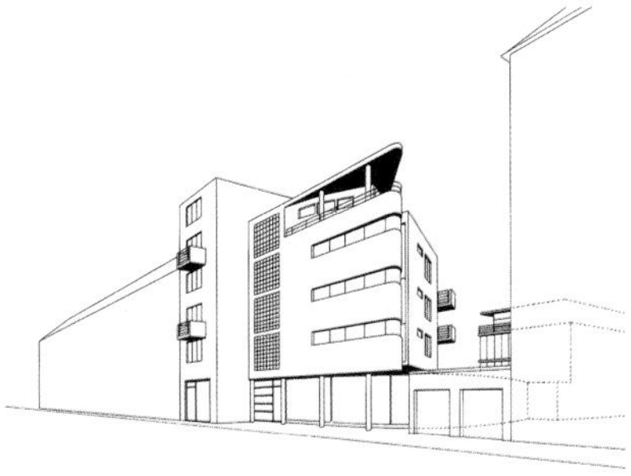

1991

Wohn- und Geschäftshaus
Völklinger Straße, Düsseldorf
Wettbewerb

Residential and Commercial
Building
Völklinger Strasse, Düsseldorf
Competition

Hypo-Bank
Filiale Friedrichstraße, Berlin
Umbau

Hypo-Bank
Friedrichstrasse Branch, Berlin
Remodelling

1992

Hypo-Bank
Filiale Hasselbachplatz,
Magdeburg
Ausgeführtes Projekt

Hypo-Bank
Hasselbachplatz Branch,
Magdeburg
Built

1992

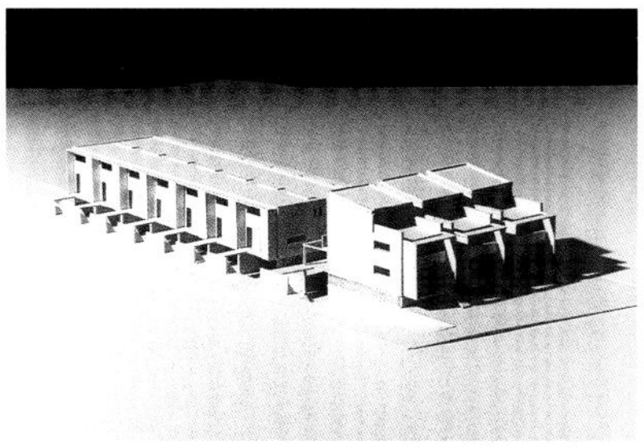

Wohnbebauung
Vogelweg Geltow, Potsdam
Projekt

Housing
Vogelweg Geltow, Potsdam
Project

Hypo-Bank
Filiale Wittenberg
Umbau

Hypo-Bank
Wittenberg Branch
Remodelling

Hypo-Bank
Filiale Ilmenau
Umbau

Hypo-Bank
Ilmenau Branch
Remodelling

1993

Erweiterung der BUGH
Wuppertal
Wettbewerb

BUGH Extension
Wuppertal
Competition

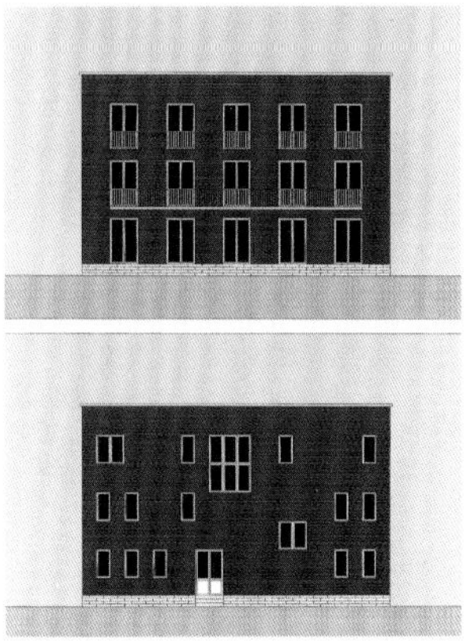

Villa Silbermannstraße
Leipzig
Projekt

Villa Silbermannstrasse
Leipzig
Project

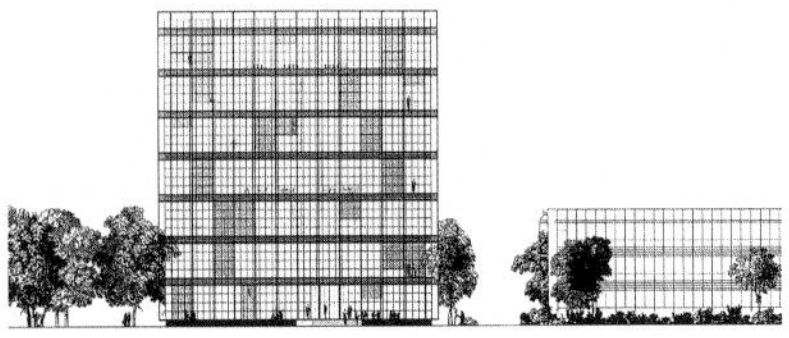

Erweiterung der FH
Düsseldorf
Wettbewerb

Extension of the
Düsseldorf College
Competition

Neanderthal-Museum
Düsseldorf
Wettbewerb

Neanderthal-Museum
Düsseldorf
Competition

Bundespräsidialamt
Berlin
Wettbewerb

Office of the Federal President
Berlin
Competition

1994

36 Reihenhäuser
Gartenstadt Falkenhöh,
Falkensee
Ausgeführtes Projekt

Row Housing
Falkenhöh, Garden Town
Falkensee
Built

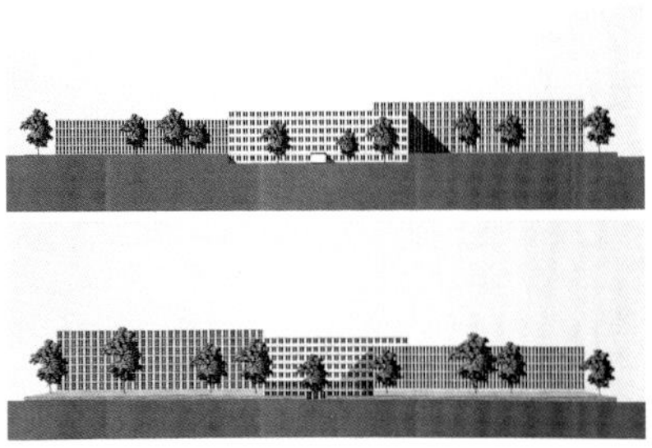

Regierungsviertel
Erfurt
Geladener Wettbewerb

Government Centre
Erfurt
Invited Competition

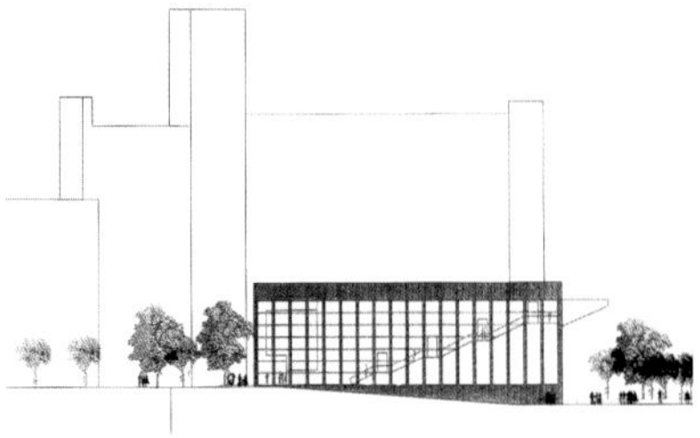

Universitätshörsaal
Essen
Wettbewerb, Ankauf

University Auditorium
Essen
Competition, Purchase

Hypo-Bank
Frankfurt am Main
Geladener Wettbewerb
3. Preis

Hypo-Bank Headquarters
Frankfurt am Main
Invited Competition
3rd Prize

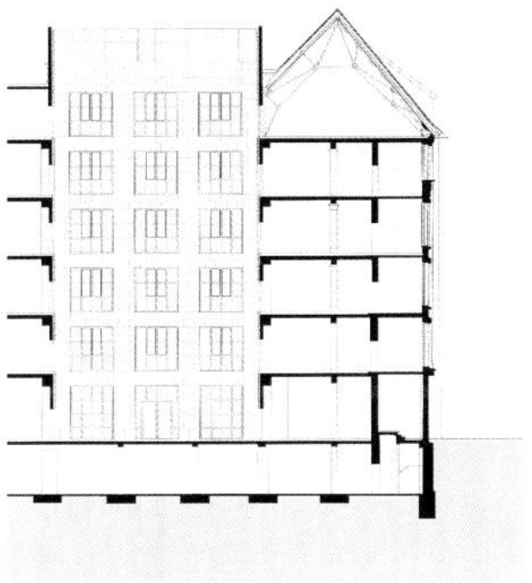

Büro- und Geschäftshaus
Brunnenstraße, Berlin
Umbau 1994 bis 1999

Office and Commercial Building
Brunnenstrasse, Berlin
Remodelling 1994 to 1999

1995

Kindertagesstätte
Gartenstadt Falkenhöh,
Falkensee
Ausgeführtes Projekt

Day Nursery
Falkenhöh, Garden Town
Falkensee
Built

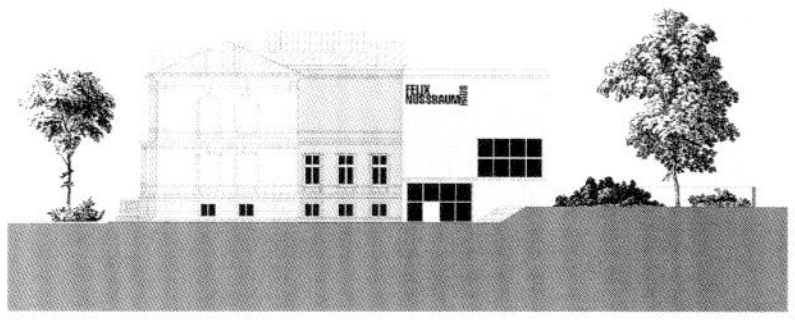

Felix Nußbaum Museum
Osnabrück
Wettbewerb, 4. Preis

Felix Nußbaum Museum
Osnabrück
Competition, 4th Prize

Wohnbebauung
Wielandstraße, Magdeburg
Ausgeführtes Projekt

Apartment Building
Wielandstrasse, Magdeburg
Built

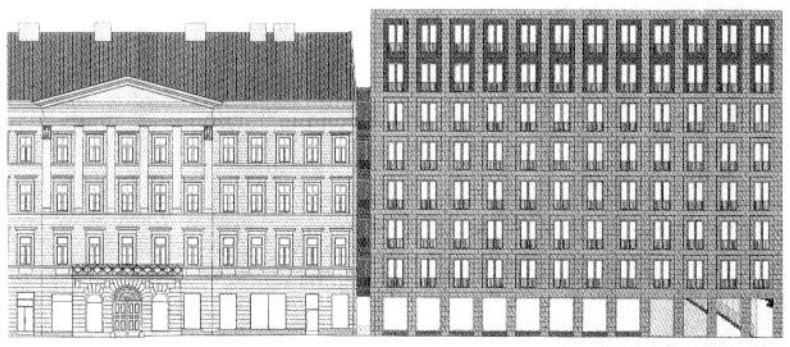

Hypo-Bank Prag
Wettbewerb
1. Ankauf

Hypo-Bank Prague
Competition
1st Purchase

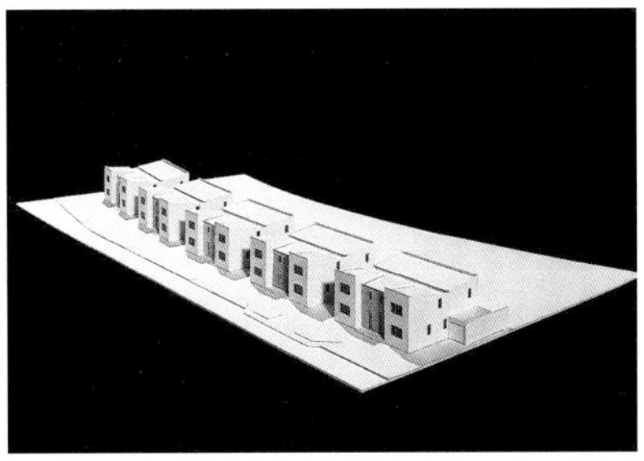

Doppelhäuser
Gartenstadt Falkenhöh,
Falkensee
Projekt

Double Houses
Falkenhöh Garden Town,
Falkensee
Project

Stadtvillen Hauffstraße
Magdeburg
Ausgeführtes Projekt

City Villas Hauffstrasse
Magdeburg
Built

1996

Hypo-Bank
Filiale Hannover
Umbau

Hypo-Bank
Hanover Branch
Remodelling

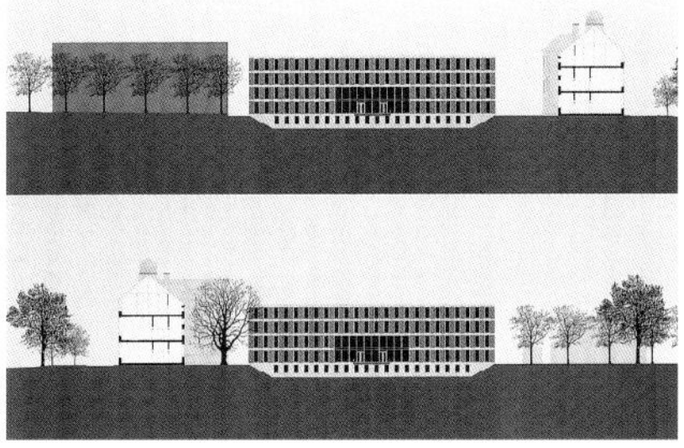

Erweiterung der Hochschule
für Architektur und Bauwesen
Weimar
Wettbewerb

Extension
of Weimar University
for Architecture
and Civil Engineering
Competition

Hypo-Bank
Filiale Karlsruhe
Ausgeführtes Projekt

Hypo-Bank
Karlsruhe Branch
Remodelling

Stadtvillen Frankenstraße
Gartenstadt Falkenhöh,
Falkensee
Projekt

City Villas Frankenstrasse
Falkenhöh Garden Town,
Falkensee
Project

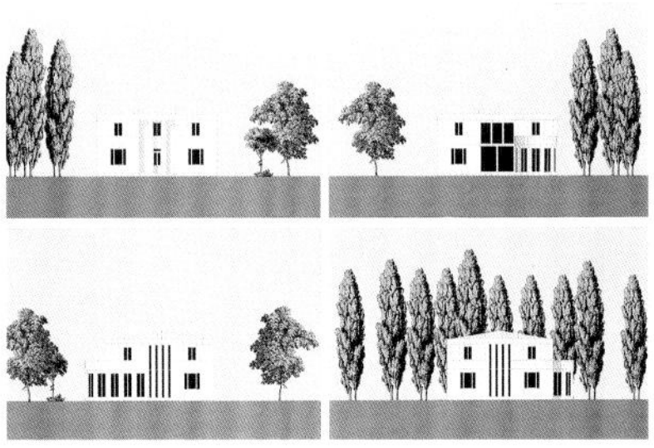

Villa Vocke, Berlin
Projekt

Villa Vocke, Berlin
Project

1997

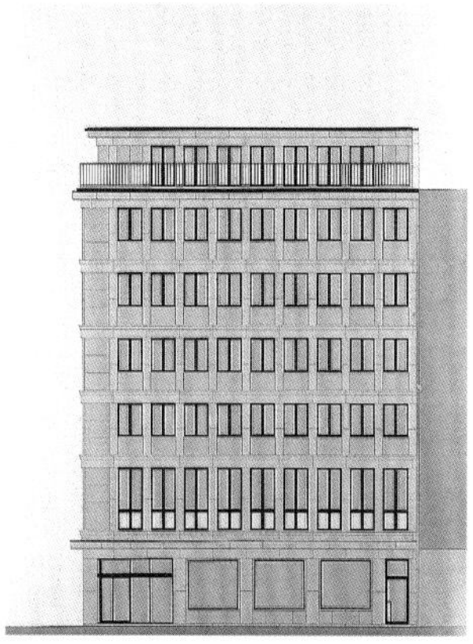

Bank Melli Iran
Frankfurt am Main
Umbau 1997 bis 1998

Bank Melli Iran
Frankfurt am Main
Remodelling 1997 to 1998

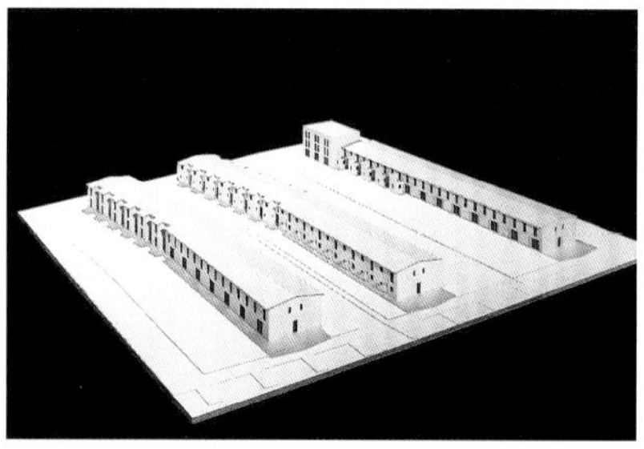

Reihenhäuser
Gartenstadt Falkenhöh,
Falkensee
Ausführung 1997 bis 1998

Row Houses
Falkenhöh Garden Town,
Falkensee
Built 1997 to 1998

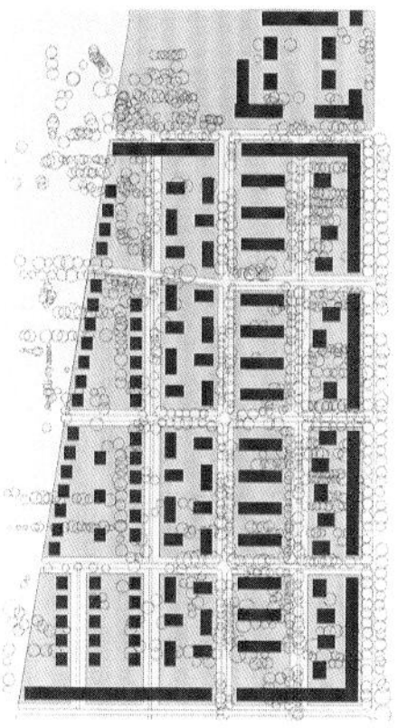

Städtebauliches Gutachten
Dallgow/Neu Döberitz
Projekt

Urbanist Study
Dallgow/Neu Döberitz
Project

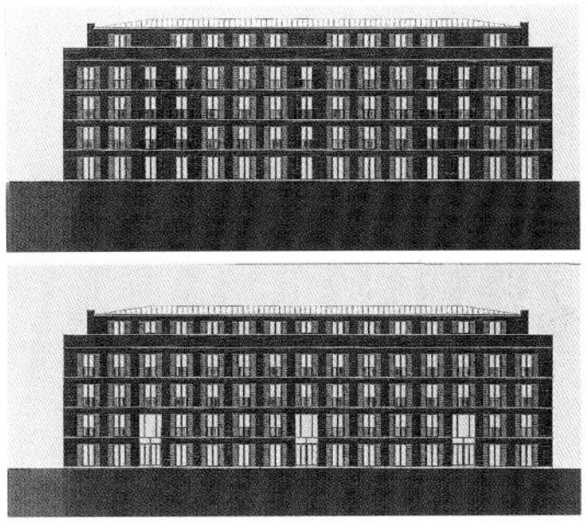

Wohnbebauung Brusebergstraße,
Berlin
Ausführung 1997 bis 1998

**Apartment Building
Brusebergstrasse,
Berlin
Built 1997 to 1998**

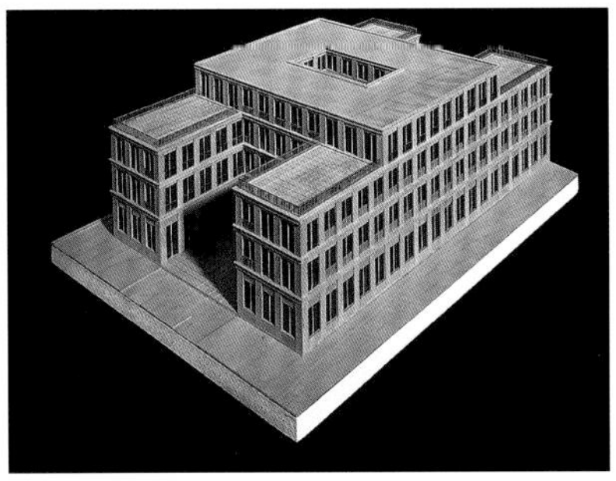

Landesvertretung Rheinland-Pfalz,
Berlin
Wettbewerb

**Office Building of the
Rhineland-Palatinate Mission,
Berlin
Competition**

Mitarbeiter seit 1991

Staff since 1991

Emilia Amabile, Leona Dadder, Elisabeth Dahmen, Hanna Engels, Heidrun Eppinger, Silke Halama, Ermelinda Hartwich, Claudia Hennig, James Herbert, Uwe Jungbluth, Martina Kramer, Petra Krause, Norbert Krümmel, Kerstin Lüllmann, Oliver Maltzan, Markus Müller, Muain Qasem, Tatjana Reimann, Alexander Rindle, Marianne Rudolf, Anja Schmidt, Cornelius Schmitt, Jörg Scholl, Kylle Anna Ståhl-Cristensen, Eric Vera, Johannes Volpert, Longin Wegner, Martin Welp

Ausstellungen
Exhibitions

1990 Hochhäuser für Düsseldorf, Kunstakademie Düsseldorf

Auszeichnungen
Distinctions

1995 Architekturpreis des Landes Sachsen-Anhalt, Hypo-Bank Filiale Magdeburg
1995 Deutscher Architekturpreis, Anerkennung, Hypo-Bank Filiale Magdeburg

Publikationen
Publications

Kunst und Baukunst, Hypo-Bank, Band 1, 1994
Herausgeber: Hypo-Bank München, Filiale Friedrichstraße, Berlin

Kunst und Baukunst, Hypo-Bank, Band 2, 1995
Herausgeber: Hypo-Bank München, Filiale Magdeburg

Ziegelindustrie International, 2/95, Hypo-Bank Magdeburg

AIT, Architektur, Innenarchitektur, Technischer Ausbau, 12/95
Hypo-Bank Magdeburg

DAM, Architektur Jahrbuch 1995, Verlag Prestel, Hypo-Bank Magdeburg

Junge Beiträge zur Architektur, NRW
1995 Verlag H. M. Nelte, diverse Projekte

Architekten in Nordrhein-Westfalen, 1995 Verlag Buch + Film, diverse Projekte

Architekten-Almanach Düsseldorf, 1997 Verlag Müller + Busmann, diverse Projekte

Lebenslauf
Curriculum Vitae

Volker Busse

1961 geboren in Lengerich
1982 - 86 Architekturstudium in Münster
1986 - 88 Mitarbeit bei Haus-Rucker-Co
1986 - 90 Kunstakademie Düsseldorf Klasse Prof. O. M. Ungers
1990 Meisterschüler bei Prof. O. M. Ungers
1988 - 91 Mitarbeit bei Prof. O. M. Ungers
seit 1991 Architekturbüro mit Andreas Geitner in Düsseldorf und Berlin

Andreas Geitner

1960 geboren in Freiburg
1982 - 86 Architekturstudium in Karlsruhe
1986 - 88 Mitarbeit bei Haus-Rucker-Co
1986 - 90 Kunstakademie Düsseldorf Klasse Prof. O. M. Ungers
1990 Meisterschüler bei Prof. O. M. Ungers
1988 - 91 Mitarbeit bei Prof. O. M. Ungers
seit 1991 Architekturbüro mit Volker Busse in Düsseldorf und Berlin

Wir danken folgenden Firmen für Ihre freundliche Unterstützung zur Realisierung des Buches:

We would like to thank the following companies for their support of this book:

Klinkerwerk Hagemeister GmbH & Co. KG,
Nottuln

Herlitz Falkenhöh AG, Berlin

HOCHTIEF Aktiengesellschaft,
vormals Gebr. Helfmann
Niederlassung Magdeburg

Die Deutsche Bilbliothek -
CIP-Einheitsaufnahme

Busse & Geitner <Düsseldorf>:
Bauten und Projekte / Busse & Geitner /
Busse & Geitner = Buildings and projects /
mit einem Text von Ulrich Maximilian
Schumann. [Übers.: Anette Wiethüchter].
- Wiesbaden : Nelte, 1998
(Monographien ; Bd. 6)
ISBN 3-932509-01-3

Herausgeber Publisher
Verlag H. M. Nelte, Wiesbaden

Gestaltung Design
Fons M. Hickmann,
Ulysses Voelker, Düsseldorf

Text Text
Ulrich Maximilian Schumann

Übersetzung Translation
Anette Wiethüchter, Berlin

Fotografien Photographs
Dieter Leistner, Mainz

Weitere Fotoquellen Further Photographs
Seite 96/1, 97/1, 98/3, 100/3, 101/2,
102/1, 103/2:
Manos Meisen, Düsseldorf
Seite 104/2:
Michael Reisch, Düsseldorf
Seite 8, 12, 14, 20:
Michael Freeman, London
Seite 10, 24:
Association des Amis
de Jacques Henri Lartigue
Seite 16:
Ulrich Maximilian Schumann, Zürich
Seite 18:
The Museum of Modern Art,
Film Still Archive
Seite 22, 26:
Wittgenstein Archive, Cambridge

Lithos Origination
INDEX, Wiesbaden

Druck Printing
Messedruck Leipzig GmbH, Leipzig

Printed in Germany
ISBN 3-932509-01-3